Architecture universelle

W0346897

Architecture universelle

Chine

Texte:
Michèle Pirazzoli-t'Serstevens
Conservateur au Musée Guimet

Documentation: Nicolas Bouvier,
assisté de Denise Blum

Office du Livre, Fribourg

Directeur de collection Henri Stierlin
Conception graphique Marcel Wyss SWB VSG
Réalisation des plans José L. Conesa

© Office du Livre 1970

ISBN 2-8264-0114-9

Imprimé en Italie

Plan de l'ouvrage

Préface

Aucun aspect de la culture chinoise n'a été plus négligé que l'architecture. Cette méconnaissance tient beaucoup à la vision fausse qu'en ont donné les voyageurs occidentaux des XVIIIe et XIXe siècles. Sir William Chambers lui-même ne visita que Canton et jugea toute l'architecture chinoise à travers ce qu'il en avait vu dans cette ville. Ses ouvrages, qui connurent une large audience dans la seconde moitié du XVIIIe siècle, contribuèrent à répandre en Europe l'idée d'une architecture uniforme, pauvre d'inspiration, et d'un art des jardins vus à travers une optique et des poncifs d'Occidental.

A la fin du XIXe siècle, lorsque des études plus objectives furent tentées, des problèmes, qui tenaient à l'essence même de l'architecture chinoise, vinrent entraver les recherches. L'impermanence des structures en bois, l'imprécision des textes les concernant, apparurent comme des obstacles quasi infranchissables. Or, depuis les travaux entrepris par les archéologues chinois et japonais, cette impermanence s'avère relative puisqu'une trentaine au moins de bâtiments datant du IXe au XIIIe siècle subsistent, qui comptent parmi les plus anciennes constructions en bois conservées dans le monde. De plus, cette fragilité du matériau est compensée par une remarquable conservation des types et des formes.

Les problèmes demeurent complexes; les reconstructions ou restaurations successives ont altéré l'aspect originel de nombreux monuments anciens et rendent très délicates les études d'évolution, un grand nombre de documents reste encore à dépouiller, enfin la terminologie est souvent peu claire et sans équivalent en langue occidentale. Cependant, les immenses progrès de la sinologie au cours des cinquante dernières années, les fouilles abondantes, une meilleure connaissance du pays lui-même, de ses constantes culturelles comme de ses étapes historiques, permettront d'éclairer d'un jour nouveau et plus juste ce que furent l'architecture et l'urbanisme chinois. Bien des aspects rapprochent d'ailleurs cet art des programmes occidentaux contemporains, que ce soit la flexibilité du plan, la décentralisation et l'expansion par agrégats d'unités fixes, ou cette impermanence même de la construction. La modeste étude que nous présentons ici n'aurait pu être écrite sans les travaux éminents des savants qui, les premiers, ont abordé ce sujet et en ont résolu les problèmes les plus difficiles; qu'il nous soit permis de rendre ici hommage, en particulier, au professeur Paul Demiéville, au professeur Alexander Soper, et au regretté professeur Osvald Sirén.

▼ Carte de la Chine, où figurent les principaux sites anciens mentionnés dans le texte

La transcription des termes chinois utilisée dans cet ouvrage est la transcription officielle adoptée par la République Populaire de Chine en 1958.

1. Contexte culturel

Le temps n'est pas encore venu des études régionales dans le domaine de l'art chinois. Cependant, ce pays immense, vaste comme l'Europe entière, présente des contrastes de climat, de relief, de populations qui ont profondément marqué toutes ses créations artistiques.

Nous nous contenterons de souligner l'opposition la plus nettement dessinée, celle qui s'établit entre la Chine du Nord et la Chine du Sud.

La Chine du Nord, pays de plateaux et de vastes plaines, au climat souvent froid et sec, terre du blé, du millet, du gaoliang et du soja, offre une circulation aisée, des villages de pisé, des villes au plan en damier dont l'enceinte domine de larges rues et des maisons basses.

Le Sud, au contraire, présente un relief vallonné et confus, à la circulation difficile, aux pluies abondantes. C'est la terre du riz, du coton, du théier, des villes aux rues étroites et dallées que dominent des maisons à étages.

Cette disparité s'accompagne d'une géographie humaine complexe que la prépondérance des Han (ceux que l'on appelle traditionnellement les Chinois) et l'unité qui en découle ne doit pas laisser dans l'ombre. La culture chinoise n'a en effet cessé de s'élaborer au contact de populations non chinoises qui gravitaient à ses confins. Au fur et à mesure que ces populations étaient assimilées, elles entraient dans la communauté et étaient peu à peu considérées comme Han, non sans avoir enrichi la civilisation qui les absorbait de certains modes de vie, de pensée et d'expression qui leur étaient propres.

Taxée longtemps d'immobilisme par des Occidentaux déçus de n'y point trouver les données transposées de leur histoire européenne, la civilisation chinoise apparaît, dans son évolution historique, constamment balancée entre une vision traditionnelle, invariable, du monde et de périodiques remous, porteurs de progrès, d'innovations et de découvertes. Dominée pendant deux millénaires par une classe dirigeante de fonctionnaires-lettrés, la société chinoise est profondément agraire. Constituée de cellules paysannes autarciques disséminées sur un immense territoire, elle aurait sombré dans l'anarchie sans ce cadre solide qu'apportaient des administrateurs, agents du gouvernement central. A côté de ce facteur de stabilité, l'existence et la rivalité de plusieurs Etats nationaux sur le sol chinois ont périodiquement favorisé soit une rechute de féodalisme, soit la naissance d'une bourgeoisie commerçante dont le développement s'est toujours vu freiné par la machine gouvernementale, dès que l'unité du pays se trouvait à nouveau consolidée.

La Chine ancienne

A l'issue d'une période néolithique particulièrement riche dans la Chine du Nord, apparaît, dans la vallée du moyen fleuve Jaune, avec la technique du bronze et les débuts de l'écriture, la première dynastie historique, celle des Shang (XVIIe-XIe siècle av. J.-C.). Tandis que la paysannerie semi-sédentaire pratique l'élevage et une culture par défrichements temporaires, la noblesse se consacre à la chasse, à la guerre et aux fonctions religieuses que préside le roi. Le monde religieux de cette époque se présente comme un ensemble complexe de conceptions cosmologiques, de mythes, de pratiques divinatoires et de croyances que dominent le culte des Ancêtres et celui du dieu du Sol, symbole de la terre nourricière et du domaine divinisé. Cette civilisation, qui n'occupe qu'une portion très restreinte du territoire chinois, connaît déjà la ville fortifiée et la construction sur terrasse pour les bâtiments importants. C'est ce qu'attestent les vestiges de deux capitales Shang découvertes au Henan, à Zhengzhou et à Anyang.

Affaiblis par les luttes incessantes menées contre les populations non sinisées, les Shang sont évincés, en 1028, par les Zhou venus de la province occidentale du Shânxi. Ceux-ci, s'installant sur l'ancien domaine des Shang, distribuent des fiefs aux clans qui leur sont alliés, créant ainsi un système féodal à la hiérarchie très complexe.

Dans le courant du VIIIe siècle, les progrès des défrichements et de l'agriculture incitent les grands vassaux à agrandir leurs domaines et à revendiquer l'hégémonie.

Les guerres qui opposent les grandes principautés du VIIIe au VIe siècle avant notre ère vont entraîner l'élaboration des premières structures politiques et une certaine organisation des rapports entre Etats, tout ceci derrière le paravent économique et religieux que constitue une dynastie Zhou affaiblie, réfugiée au Henan sur un territoire amoindri.

Cette évolution va se précipiter à partir du Ve siècle avec l'apparition de la fonte du fer (attestée dès 513) et celle de la charrue attelée. Ces techniques nouvelles, permettant une amélioration de l'outillage, favoriseront l'établissement de champs permanents irrigués. Le production augmente, la population s'accroît et va coloniser de nouvelles terres tant vers l'ouest que vers le sud. Les principautés s'organisent en grands Etats et leurs luttes donneront son nom à l'époque dite des Royaumes Combattants qui va du Ve au IIIe siècle av. J.-C.

A l'élargissement des principautés correspondent de nouveaux circuits économiques, un développement de l'aire culturelle chinoise et des échanges entre nationalités différentes à l'intérieur du monde chinois. L'ancienne conception magico-religieuse du pouvoir se trouve ébranlée; à sa place des théories politiques et morales commencent à se former en systèmes philosophiques et juridiques.

L'esprit mercantile, qu'accompagne l'émancipation de l'artisanat, pénètre peu à peu l'ancienne mentalité aristocratique. L'art, d'essentiellement religieux sous les Shang et au début des Zhou, tend à devenir profane. La cour de chaque royaume, dans sa capitale fortifiée, possède ses ateliers et ses artistes, comme ses stratèges, ses politiciens et ses philosophes. Le monde chinois, en cette période de bouleversement général, à travers guerres et découvertes, s'achemine vers l'empire. L'achèvement en revient à l'Etat périphérique de Qin, préparé à ce rôle par une solide armature politique doublée de réformes judicieuses, et par l'expérience militaire acquise au contact des tribus barbares du nord-ouest.

Qin Shi huang di va diriger en autocrate l'empire qu'il a unifié en 221 av. J.-C.; il organise l'administration provinciale et le réseau routier, uniformise l'écriture, les poids et mesures comme la monnaie, détruit les livres classiques qui rattachaient la Chine à son passé et édifie, à partir de tronçons existants, une Grande Muraille qui doit protéger le nord du pays des incursions nomades.

Ayant établi sa capitale à Xianyang (près de Sian, au Shânxi), il y fait édifier des palais en se servant des modes de construction propres à chaque Etat soumis, et rassemble ainsi autour de lui des artisans du bâtiment venus de toutes les régions de la Chine d'alors. Cette politique crée un mouvement qui jouera un rôle important dans l'essor architectural de l'époque Han.

L'empire Han

Le despotisme Qin est de courte durée. Les lois draconiennes et les travaux gigantesques épuisent corvéables et trésor; un soulèvement populaire éclate, les particularismes reparaissent, et en 206 av. J.-C., Liu Bang, victorieux des royautés reconstituées, fonde la dynastie des Han. Cette dynastie qui devait gouverner la Chine jusqu'en 220 de notre ère, est divisée traditionnellement en Han antérieurs et Han postérieurs, aux capitales respectives de Changan (actuelle Sian au Shânxi) et de Luoyang (au Henan).

Les progrès considérables de l'agriculture, le développement des travaux hydrauliques et de la production du fer profitent à une classe de propriétaires fonciers qui prend la relève de l'ancienne noblesse démantelée par les Qin. Ces progrès servent également les marchands qu'enrichit l'expansion du commerce intérieur, puis bientôt la politique de conquête. Par leur politique intérieure de centralisation, les Han créent une société très hiérarchisée où la libre recherche de l'époque des Royaumes Combattants se fige en une philosophie d'Etat placée sous l'égide de Confucius. A l'extérieur, ils annexent le Nan-Yue (région actuelle de Canton), puis le Tonkin et le Nord-Annam, pénètrent, malgré l'opposition permanente des Huns, en Bactriane et en Sogdiane, pays que traversera la route de la Soie; à l'est enfin, ils soumettent la Corée.

Dès les premières années de leur règne, les Han considèrent qu'une grande architecture est nécessaire à la stabilité d'un gouvernement et peut devenir un instrument de pouvoir. Les réalisations de l'architecture et de la décoration au service de la grandeur prennent alors une telle place qu'elles deviennent pour la première fois un des thèmes majeurs de la littérature.

Les immenses progrès de l'art de bâtir – c'est, sous les Han, que sont posés les principes de l'axialité et des structures en bois à piliers, poutres et consoles – sont le fruit des innovations techniques développées depuis l'époque des Royaumes Combattants, des traditions régionales, et de la synthèse des courants d'idées antérieurs élaborant une cosmologie et tout un ensemble de correspondances entre les différentes parties d'un univers hiérarchisé.

L'Etat est devenu omniprésent, et le système créé sous les Han demeurera l'idéal vers lequel s'efforceront de tendre les grandes dynasties ultérieures. Cependant la dynastie s'effondre en 220, minée par les intrigues de cour et les révoltes paysannes. Le pays, vite morcelé, le restera jusqu'en 589. Le nord est bientôt envahi par des peuples nomades qui fondent des Etats nouveaux, tandis que les Chinois, réfugiés au sud, se regroupent en royaumes dans la région du bas Yangzi, qui connaît un essor spectaculaire dans les domaines de l'agriculture, de l'artisanat et du commerce.

Au cours de cette période troublée, dite des Trois Royaumes et des Six Dynasties, la société chinoise se transforme complètement; la féodalité se reconstitue, et le contraste s'accentue entre le luxe des cours locales et la misère d'une paysannerie menacée par les invasions, les pillages et les guerres civiles. Le besoin d'espoir est alimenté par le taoïsme et par le bouddhisme qui, introduit en Chine dès les Han, se répand par tout l'empire. Grâce au bouddhisme, les constructions en brique et en pierre se développent et, à partir de la fin du Ve siècle, les grandes villes et la campagne chinoise se peuplent de monastères et de temples; des sanctuaires rupestres sont creusés depuis le Gansu, le Sichuan, le Shânxi, le Henan jusqu'au Shandong à l'est et au Jiangsu au sud.

Les Sui et les Tang

La réunification de l'empire fut l'œuvre de la dynastie Sui (589-618). Cette courte période de transition, avant la consolidation Tang, est marquée par une frénésie de construction. Les travaux du Grand Canal, entre Luoyang et Yangzhou, sont entrepris qui permettront d'acheminer vers les vieux centres consommateurs du moyen fleuve Jaune les céréales des régions productrices du bas Yangzi. L'empereur Yang di, au long de ce canal, fait édifier quarante palais, et embellit la cité de Yangzhou au point que ses palais rivalisent avec ceux de la capitale. Ce goût de construire, stimulé par le bouddhisme comme par les vastes programmes qu'entraînent les changements fréquents de capitale, atteint des proportions inusitées à l'époque Tang.

Fondée en 618, cette dynastie qui règne jusqu'en 907, est l'une des plus glorieuses de l'histoire chinoise et l'un des moments les plus brillants de la civilisation mondiale. La Chine des VIIe-VIIIe siècles, qui a reconquis son hégémonie en Asie Centrale et en Corée, apparaît comme l'Etat le plus puissant d'Asie; le commerce à travers l'Asie Centrale connaît son apogée et la capitale, Changan, est la ville la plus cosmopolite du monde. Le bouddhisme apparaît florissant, mais l'engouement pour les constructions religieuses entraînera le déboisement, un accroissement des corvées paysannes et une raréfaction des métaux. L'architecture s'épanouit et une extraordinaire renaissance se manifeste dans tous les domaines de la culture, qu'il s'agisse

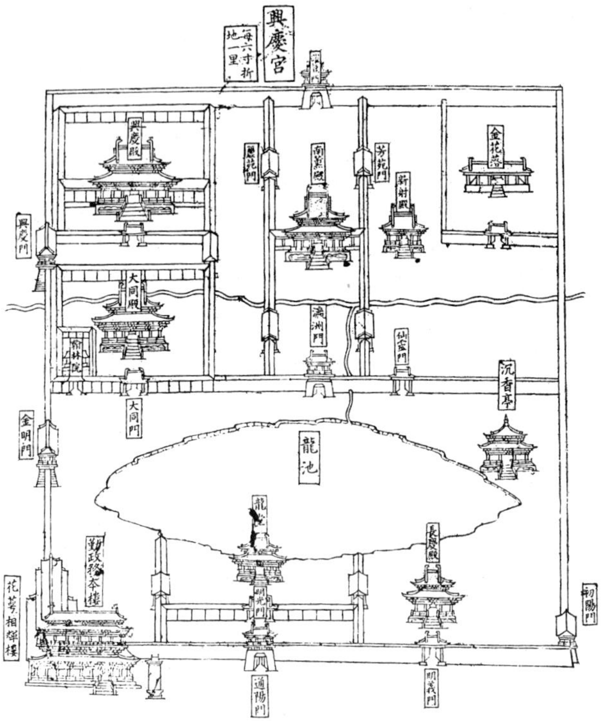

▲ Plan du palais de Xingqing, édifié à Changan en 714, d'après un estampage d'une stèle gravée en 1080. Au centre, l'étang du Dragon, ovale, bordé de pavillons; autour les salles et portes du palais

de la poésie, de la littérature confucéenne, de la musique ou des arts plastiques.

Cependant des signes d'affaiblissement du pouvoir central se font sentir dès le milieu du VIIIe siècle et, à la fin du même siècle, Changan est ravagée par un raid tibétain. La dynastie ne parviendra pas à enrayer les forces qui menacent à nouveau l'unité. Son effondrement, au début du Xe siècle, laisse la Chine épuisée par les désastres militaires et économiques. L'empire restera, pour un demi-siècle, en proie à l'anarchie, partagé en royaumes indépendants où se succèdent, au nord comme au sud, d'éphémères dynasties. Au nord-est, les populations Kitan transforment leur société tribale en une monarchie héréditaire et créent en 937, autour de l'actuelle Pékin, le royaume Liao. Leurs prétentions sur la Chine entière, que reprendront leurs successeurs, les Djurtchèt, qui règnent sous le nom dynastique de Jin à partir de 1124, feront peser sur l'empire un péril nordique qui se fera de plus en plus menaçant.

Les Song

Cette dichotomie entre le nord-est du pays occupé par les Barbares et la Chine propre, à l'époque des Cinq Dynasties (907–960), se poursuit à l'époque Song (960–1279). La situation s'aggrave à partir de 1126 lorsque les Jin s'emparent de la capitale Kaifeng, et que la dynastie chinoise doit se réfugier d'abord à Nankin, puis à Hangzhou, laissant aux Barbares toute la partie nord du pays. L'avance foudroyante des Mongols de Gengis-khân au XIIIe siècle, qui anéantissent le royaume Jin, installent leur capitale à Pékin en 1260 et prennent finalement Hangzhou en 1276, rendra à la Chine son unité sinon son indépendance.

▼ L'une des portes de la capitale Kaifeng, à l'époque des Song du Nord (960–1126), d'après le rouleau «Qing ming shang he tu», au Musée du Palais Impérial de Pékin

Après l'expansion Tang, la culture Song se recueille sur les richesses et l'expérience acquises. L'essor urbain, les progrès de la classe marchande, la diffusion de l'imprimerie, le développement des sciences et des techniques, la suprématie du mandarinat, l'épanouissement de la littérature et de la peinture de paysage constituent les traits dominants de la culture Song. Dans le domaine architectural, cette époque développe et parachève les caractéristiques plus rudes, plus simples de l'architecture Tang. Les progrès de la charpente, la place plus importante donnée à la décoration, l'innovation que constitue la courbure des toits, et la tendance à la verticalité marquent l'esthétique Song.
En Chine du Nord, les Liao développent un style architectural hybride, à partir de la tradition Tang. Ce style est empreint d'une solidité imposante héritée des Tang, d'un sens de la grandeur et d'un goût de la complexité pouvant aller jusqu'à la lourdeur. Entrés en contact avec l'art chinois par l'intermédiaire des Liao, les Jin occupent un territoire, en Chine même, beaucoup plus vaste, et découvrent à Kaifeng les plus belles réalisations des Song du Nord (960-1126). Leur architecture suivra ces créations tout en adoptant certains procédés hérités des Liao.

La Chine, des Mongols aux Mandchous

Khoubilai, petit-fils de Gengis-khân, après avoir donné à sa dynastie le nom de Yuan (1279-1368), essaie de promouvoir l'agriculture en Chine du Nord, tout en laissant leurs biens aux propriétaires terriens de Chine du Sud; les deux régions gardent des structures sociales et économiques différentes, malgré l'achèvement du grand canal reliant le Yangzi à Pékin. La capitale devient l'aboutissement de toutes les voies commerciales de l'Empire mongol. Marchands, savants, fonctionnaires et moines venus du Moyen-Orient, de Russie et d'Asie Centrale obtiennent des charges dans l'administration aux côtés des Chinois ralliés. Des Européens même séjournent à la Cour chinoise, parmi lesquels le plus célèbre, Marco Polo, arrivé en Chine en 1275, ne rentrera à Venise qu'en 1295. L'influence étrangère donne alors à l'architecture une impulsion nouvelle; Khoubilai charge en effet un Arabe de construire les palais de Pékin, assisté de deux Chinois et d'un Népalais pour la sculpture. Cette impulsion marquée par une plus large utilisation de la pierre pour les terrasses, les balustrades et les portes, se continuera sous les dynasties Ming et Qing. De plus, l'arrivée à Pékin, en 1267, de lama tibétains exerce une influence sur l'art religieux, introduisant en Chine du Nord, le style des lamaseries et un type nouveau de pagode.

A la fin du XIVe siècle, un paysan établit, à la faveur de troubles, une nouvelle dynastie chinoise qui prend le nom de Ming (1368-1644). Les Mongols sont rejetés au-delà de la Grande Muraille qui est restaurée, et la capitale installée d'abord à Nankin est transférée à Pékin au début du XVe siècle. Si les deux premiers empereurs Ming manifestent un esprit de grandeur dans leurs réalisations (réorganisation de l'économie, renforcement du pouvoir central, politique d'expansion), leurs successeurs règnent sans gloire, laissant le pouvoir aux mains des eunuques et favorisant un confucianisme étroit qui devait scléroser la classe mandarinale. Par contre, la place de plus en plus grande prise par la bourgeoisie d'argent, grâce au développement du commerce privé, suscite de nouveaux genres littéraires tels que le théâtre et le roman.

L'activité architecturale qui éclate sous les Ming apporte peu d'innovations majeures. Il faut noter une plus grande monumentalité, une disposition symétrique très marquée dans les plans, un usage plus répandu de la brique et de la maçonnerie et un goût prononcé pour l'horizontalité. Mais les constructeurs se bornent à copier les formes traditionnelles qu'ils enjolivent; ainsi certains éléments perdent peu à peu leur valeur fonctionnelle pour devenir de simples ornements, tendance décorative qui ira s'accentuant à l'époque suivante.

La faiblesse des derniers empereurs Ming permet aux dirigeants d'un peuple de race toungouse, cantonné au début du XVIIe siècle, dans la partie orientale de la Mandchourie, de pénétrer en Chine. Sous le nom dynastique de Qing, ces Mandchous réussiront à se maintenir pendant près de trois siècles, de 1644 à 1911. Installant leur capitale à Pékin, les nouveaux envahisseurs auront l'habileté de changer le moins possible les institutions existantes.

L'empire connaît une assez grande prospérité sous les trois règnes de Kang xi (1662-1722), de Yong zheng (1723-1735) et de Qian long (1736-1796), et ceci malgré l'accroissement démographique qui porte la population chinoise de 140 millions à la fin des Ming à 300 millions en 1787. Mais, dès la fin du XVIIIe siècle, la population croissant plus vite que la production, et l'autorité des Mandchous faiblissant, les Européens se font de plus en plus pressants dans leurs visées sur l'Empire chinois.

Le style architectural élaboré par les Ming est suivi, sans grande imagination, par les Qing, qui s'orientent vers la surcharge décorative, une complication accrue et un goût

▲ Une petite ville de Chine méridionale, sous le règne de l'empereur Qian long (XVIIIe siècle), d'après «Essai sur les mœurs des Chinois, par les Jésuites de Pékin», Bibliothèque de Genève

du grandiose qui n'est, comme l'écrit Jankélévitch, que «du sublime de décadence». Ainsi, le développement de l'architecture chinoise du XVIe au XIXe siècle connaît un long processus de déclin au cours duquel l'art et la science de bâtir, à part quelques exceptionnelles réussites, se trouvent éclipsés par la fausse hardiesse d'un décor abâtardi.

L'organisation de l'espace

Dans l'ancienne cosmologie chinoise, où le Ciel est conçu comme rond et la terre comme carrée, l'espace est imaginé sous forme de carrés encastrés, espaces hiérarchisés autour du noyau que constitue la capitale, carré marqué par quatre portes aux quatre orients, et centre de convergence des influences cosmiques. On aboutit ainsi à une image géométrique du monde, animée par tout un réseau élémentaire de correspondances spatiales. Les alternances et les oppositions de contraires inhérentes au mouvement de l'Univers se retrouvent dans l'espace humain, où tout est idéalement fixé, selon le même ordre efficace et total qui régit l'univers. Destinée à concrétiser cette harmonie, l'architecture chinoise a conservé des spéculations anciennes quelques principes essentiels, tels que l'orientation, une pureté géométrique des formes et une symétrie qui répond à l'alternance du jour et de la nuit, des hivers et des étés.

«Le macrocosme en Chine se reproduit dans de nombreux microcosmes, et le monde, dans sa totalité, apparaît réellement présent dans une aire rituellement délimitée quelle qu'elle soit.» (R. Stein: Les jardins en miniature d'Extrême-Orient, B.E.F.E.O. 1942.) L'espace architectural se présente donc comme une série de mondes clos, complets, unités indépendantes de plus en plus petites, de la ville à la maison privée, qui répètent en microcosme les formes des unités plus vastes. La maison peut être regardée comme une ville miniature, et la ville comme une maison à une échelle immense. Cette conception correspond d'ailleurs, dans l'ordre moral et social, à la primauté accordée en Chine aux relations équilibrées et imbriquées entre l'individu et la famille, la famille et l'Etat, l'ordre humain et l'ordre cosmique. Ce jeu de relations cimente les cellules familiales indépendantes, comme l'organisation symbolique de l'espace accorde les unités architecturales. Fonctionnellement, en effet, chaque communauté, que ce soit une maisonnée ou une ville, est largement autonome, sans que cette décentralisation soit jamais signe d'anarchie. En fait, l'aménagement de l'espace en Chine fut toujours soumis à des règles; l'architecture y fut un art dirigé, contrôlé par l'Etat, destiné à assurer un cadre au système social autant qu'à mettre de l'ordre dans l'univers environnant. Les dimensions du bâtiment, la disposition interne, la forme des toits et leur couverture, la décoration architecturale sont règlementés en fonction de la position sociale du commanditaire, et ceci dès les Zhou (XIe-IIIe siècle av. J.-C.).

Orientation et axialité

La notion d'ordre et d'harmonie dans l'univers se retrouve dans les règles nombreuses et complexes qui président au choix d'un emplacement pour la construction de tout édifice. Les géomanciens, versés dans le «fengshui» (littéralement «vent et eau»), sont ainsi chargés de déterminer si la nature du terrain, la configuration du sol, la disposition des arbres, des rochers, des eaux de la région sont favorables aux esprits fastes et capables d'arrêter les esprits néfastes.

L'emplacement une fois fixé, l'architecte trace son plan sans perdre de vue un axe principal de direction sud-nord. Le symbolisme de cette axialité est implicite; le nord représentait pour les Chinois, outre les rigueurs de l'hiver, le danger des invasions barbares, donc les influences néfastes. Tout bâtiment important, officiel ou privé, s'ouvre par conséquent au sud. Cette axialité sous-entend une voie médiane et une découverte progressive de l'ensemble architectural au fur et à mesure que l'on avance au long de cette épine dorsale. L'ensemble, qu'il s'agisse d'une ville ou d'un palais, n'est jamais conçu pour être englobé d'un seul coup d'œil, comme il serait possible de le faire du haut d'un monument le dominant, mais pour se laisser saisir au gré d'une approche à la fois spatiale et temporelle, à la manière d'un morceau de musique, ou d'une peinture que l'on déroule. Les édifices principaux se succèdent sur l'axe médian, et constituent autant de temps forts, précédés de vastes cours que des bâtiments secondaires ferment à l'est et à l'ouest.

La tendance, surtout en Chine du Nord, est à l'horizontalité. Aucune différenciation hiérarchique entre les édifices ne s'exprime, comme en Occident, par la position dominante du monument important. Or, les Chinois étaient capables de bâtir élevé: le développement des maisons à étages dès les environs de notre ère, plus tard la construction des pagodes bouddhiques, le prouvent. La raison de cette uniformité d'élévation est liée encore à la notion d'espaces juxtaposés; le bâtiment principal se signale seulement par son emplacement (en général au fond, à l'opposé de l'entrée), une plus vaste surface occupée, un luxe particulier déployé dans les matériaux et la décoration.

Le plan: la cour close

Autour de cet axe orienté, les ensembles architecturaux chinois s'ordonnent selon trois dispositions possibles:
1. La forme la plus ancienne peut-être se compose de quatre bâtiments autour d'une cour, souvent carrée. Cette disposition symétrique, déjà constituée à l'époque Han (IIIe s. av.-IIIe s. ap. J.-C.) s'est perpétuée sans grands changements jusqu'au XIXe siècle, et s'applique à toutes les structures, puisque dans le cas des grands ensembles (palais, monastères, etc....) il suffit de multiplier le dispositif.
2. La seconde disposition est symétrique de part et d'autre de l'axe sud-nord, le tout étant enclos d'un mur. Souvenir d'une organisation dualiste du monde, cet agencement a

été choisi pour les tombeaux des empereurs Ming, et pour le temple du Ciel à Pékin.
3. Une autre solution, adoptée par exemple au Palais Impérial à Pékin, conjugue les deux premiers partis.

Ces trois possibilités sont des variations autour d'une constante, dont la conception doit remonter à la société féodale du Ier millénaire avant notre ère: la cour fermée sur ses quatre côtés, image d'un espace carré, d'un monde complet et indépendant que nous avons déjà évoqué.

Pérennité des types – Impermanence des matériaux

Cette constance du plan, cette répétition à des échelles différentes d'un modèle unique s'accompagnent d'une grande stabilité des types de construction. L'unité la plus répandue est le pavillon rectangulaire («dian»), ordinairement divisé par des colonnes cylindriques en trois nefs transversales, ou davantage, dont la première forme souvent un portique ouvert, à moins qu'une colonnade ne fasse tout le tour de l'édifice, qui peut aussi être carré, polygonal ou rond. A partir de ce plan simple, les variantes, assez peu nombreuses, s'obtiennent en surélevant la terrasse sur laquelle repose le pavillon, en multipliant les étages de celui-ci, ou en combinant ces deux possibilités.

Comme nous le verrons, l'édifice lui-même importe moins que la terrasse qui le supporte et la toiture qui le couvre. Entre ces deux éléments essentiels, respectivement symboles de la terre et du ciel, les murs n'ont aucun rôle de support. En effet, l'ensemble étant toujours protégé par une enceinte, les murs de chaque édifice ne servent que d'écran contre les intempéries. En cela, la Chine, par ses traditions architecturales, était préparée à s'adapter aux matériaux et aux techniques modernes.

Ces types de construction (le pavillon simple ou à étages, la tour, le kiosque...), qui s'adaptent aussi bien aux palais, aux temples qu'aux habitations privées, sont réalisés en bois et destinés à être reconstruits de génération en génération suivant les besoins nouveaux. Cette prédilection pour le bois correspond à une conception originale de l'architecture; elle n'est due, ni au manque d'autres matériaux, ni à l'incapacité de les travailler, car il ne faut pas oublier que, parallèlement, existait une tradition de la construction en maçonnerie et en pierre, réservée aux ponts, aux remparts, aux terrasses, aux pavements, aux sépultures et à certaines pagodes.

La fréquence des tremblements de terre, exigeant une structure flexible, explique peut-être, en partie, cette préférence qui n'était pas d'ailleurs sans présenter des inconvénients: l'épuisement progressif des forêts, la main-d'œuvre très qualifiée qu'elle nécessitait rendirent l'architecture en bois si onéreuse qu'il fallut, dès le XIIe-XIIIe siècle, chercher des moyens pour économiser les matériaux. Le danger de destruction par le feu est un autre inconvénient grave; le moine japonais Ennin relate, dans son journal de voyage, qu'en 843 un incendie éclata dans le marché de l'Est, à la capitale Changan, et détruisit 4000 maisons. Les témoignages de ce genre abondent. Mais les reconstructions sont aussi rapides que sont violents les cataclysmes, et les dirigeants chinois n'attendent pas des matériaux que la construction dure beaucoup plus qu'une génération.

Cette architecture volontairement éphémère, dont les œuvres, réalisées en matériau périssable, ne sont pas destinées à défier le temps, s'explique par le fait que la Chine n'a jamais lié son destin au sort transitoire de ses réalisations matérielles. L'histoire y est sentie comme une séquence établie et inéluctable dont les différents moments importent moins qu'une certaine continuité cohérente. C'est un axiome que chaque grande dynastie chinoise prend le pouvoir avec l'ambition de reconstruire le monde même de la dynastie précédente; ses premières œuvres sont conservatrices, et il faut attendre plusieurs générations pour que naissent des créations originales. Ce principe vaut pour l'architecture: ce n'est pas dans le monument lui-même que les Chinois ont placé leur passion d'éternel, mais dans les idées qui ont présidé à son ordonnancement, et dans la tradition spirituelle qu'il illustre.

Reflet d'une certaine conception de l'homme dans ses rapports avec l'univers, l'architecture chinoise n'établit aucune différence fondamentale, dans le domaine des matériaux, des méthodes de construction, des formes et des styles, entre les édifices privés et officiels, ni entre l'architecture civile et religieuse; nous allons donc essayer de suivre, de la ville à la maison privée, en allant du macrocosme au microcosme, quelques-unes des réalisations majeures de cet art, pour aboutir à l'antidote, à cette négation des règles et de la symétrie, à cet essai d'intégration dans la nature que constitue l'art du jardin en Chine.

Légendes

Paysages de Chine

17 Sur les deux rives de la rivière Li, dans la région de Guilin au Guangxi, se dressent des pitons rocheux aux formes étranges.

18 Cultures en terrasses dans la région de Yan an, au Shânxi. L'aménagement de ces champs au flanc des collines de lœss témoigne de l'intelligente adaptation du monde chinois aux lignes naturelles du paysage.

19 Rizières inondées dans le sud de la province du Henan.

20 Viviers à poissons sur le Taihu (grand lac) près de Wuxi, au Jiangsu. Espace aquatique qui n'est pas sans évoquer, par son découpage régulier, l'organisation des quartiers d'une ville.

La Grande Muraille

21 La Grande Muraille actuelle s'étend du fleuve Yalu à l'est jusqu'à la passe de Jiayu au Gansu. Cet ouvrage de défense et de communication date de l'époque Ming (1368–1644).

22–23 Les murs, qui sont à l'origine de la Grande Muraille, ont été élevés dès l'époque des Royaumes Combattants (Ve–IIIe s. av. J.-C.) par les Etats du nord de la Chine. Devant la menace accrue des cavaliers nomades Xiongnu, les Qin (221–206 av. J.-C.) prolongent ces murailles.

24 Poste de garde sur la Grande Muraille.

25 Le rôle de la Grande Muraille dépasse le fait militaire. Barrière, elle fut aussi voie de communication à travers les régions montagneuses et peu hospitalières qu'elle franchissait; enfin elle servit à l'implantation de soldats colons dans les régions non Han qui la bordent et permit de contrôler les mouvements des populations nomades.

26 La Grande Muraille, qui épouse les lignes de crêtes, semble l'achèvement naturel de ce paysage massif qui forme la limite de la Chine du Nord.

27 Le mode de construction apparaît clairement ici: murs à revêtement de pierre renfermant un blocage, sommet pavé de briques, bordé de parapets et de créneaux.

28 Passe de Juyong, accès à la Grande Muraille au nord-ouest de Pékin. La porte est une magnifique construction en pierre qui date de l'époque Yuan (1342–1345). Son plan est carré. La voûte à pans coupés du passage est décorée de bas-reliefs en marbre représentant le Bouddha et les quatre gardiens célestes.

Pékin: l'enceinte

29 Vue de la porte actuelle de Qian men. La tour extérieure, seule conservée, a perdu son aspect originel. Elle était autrefois, sur le grand axe sud-nord de Pékin, la liaison entre la cité impériale au nord et la ville extérieure au sud.

30 Les murailles de Pékin. Ossature de la ville chinoise, ses murailles l'enclosent et l'inscrivent dans l'espace. Par là même, elles constituent la partie la plus essentielle et la plus permanente de la cité.

31 La muraille nord de Pékin. Le rythme lent et lourd est accentué par les puissants bastions qui se suivent à intervalles réguliers.

Ponts

32 Pont en pierre sur un petit canal à Suzhou, dans la province du Jiangsu. La ville est située à l'est du Taihu, en bordure de l'ancien canal impérial.

33 Le Lugou qiao, appelé Pont de Marco Polo par les Européens, fut élevé au sud-ouest de Pékin, entre 1189 et 1192. Ses onze arches sont construites en claveaux de pierre, atteignant presque un mètre d'épaisseur.

34 Le Baodai qiao (pont de la ceinture précieuse) situé dans la banlieue sud de Suzhou. Long de plus de cent mètres, le pont présente trois arches médianes surélevées pour permettre le passage des bateaux.

35 a) Le pont au pavillon, sur une branche du Grand Canal, dans la partie sud-ouest de Suzhou (Jiangsu). Pont en voûte à trois arches en pierre, dont l'arche centrale est surmontée d'un pavillon.
b) Pont sur la presqu'île de la tête de la tortue, sur le Taihu (grand lac) à Wuxi (Jiangsu).

36 Le Pont aux dix-sept arches du Palais d'été (Yihe yuan), au nord-ouest de Pékin. Ce pont majestueux relie, sur le lac Kunming, l'île de Longwang miao à la terre ferme.

Plans ▶

Deux tracés de la Grande Muraille: 1:15 000 000

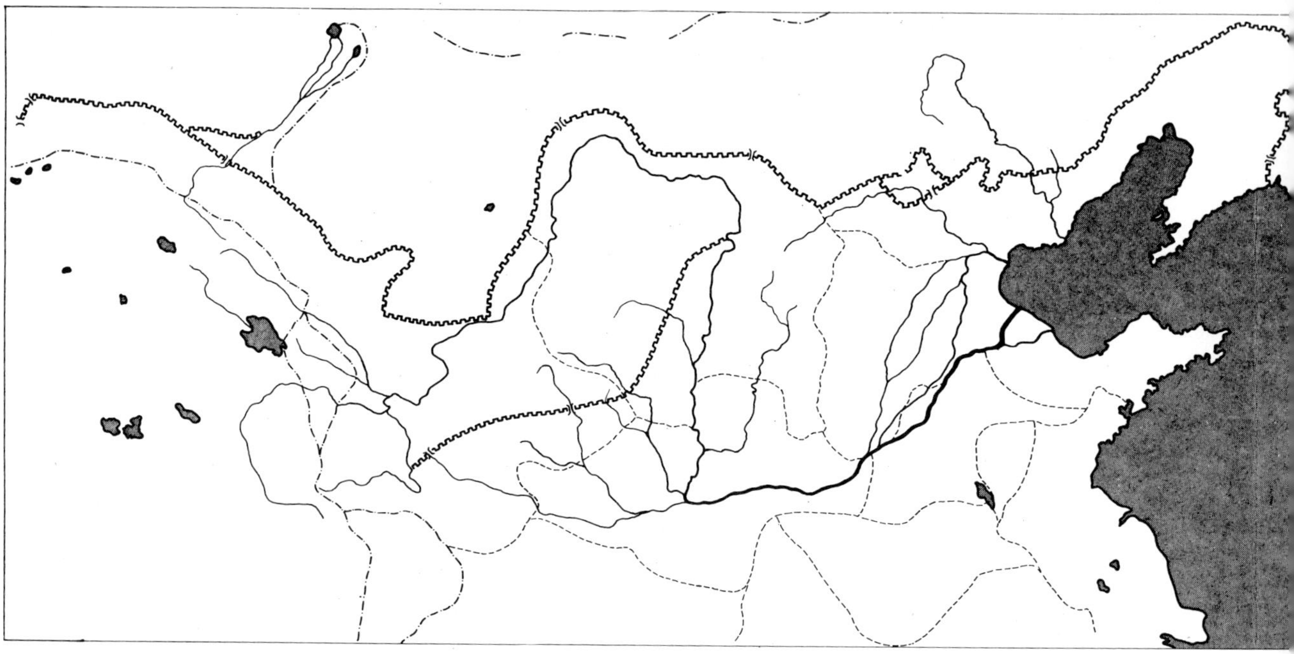

1 à l'époque Han (206 av. J.-C. à 220 ap. J.-C.)

2 à l'époque Ming (1368–1644)

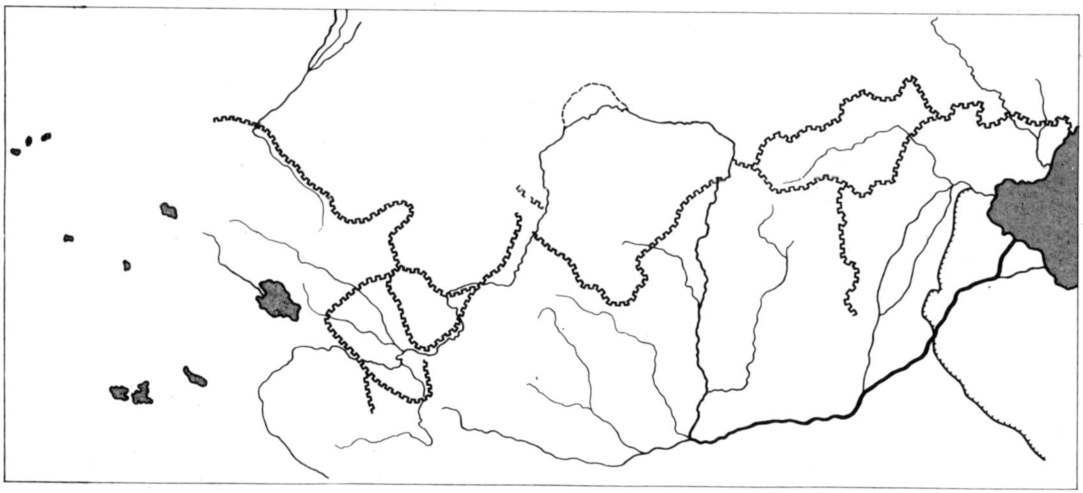

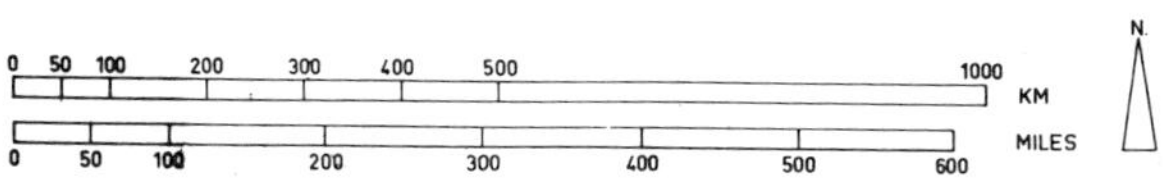

1 Palais Impe
2 lacs à l'oue
3 colline de c
4 tour du Ta
5 tour de la C
6 Dongzhi me
7 Qihua men
8 Dongbian r
9 Guangqu m
10 Zuoan men
11 Yongding r
12 Youan men
13 Guangan m
14 Xibian men
15 Chongwen
16 Qian men (
17 Xuanwu me
18 Fucheng m
19 Xizhi men
20 Desheng m
21 Anding me
22 temple du C
23 temple de

Pékin sous les Ming et les Qing: plan 1:50 000

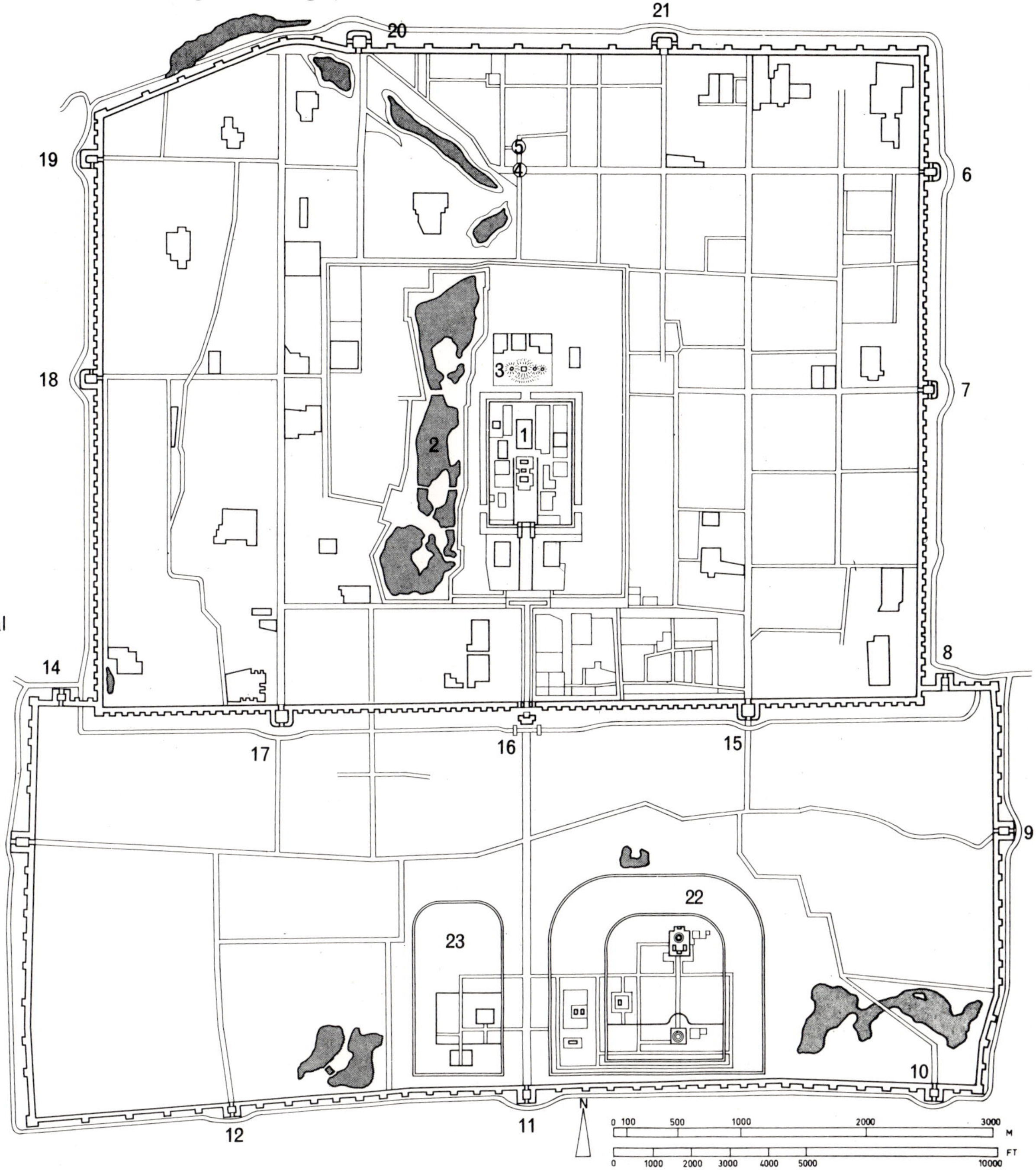

lais Impérial

Hada man)

gyang men)

ingzi men)

ture

Notices

Quelques problèmes de répartition urbaine dans les villes des Han aux Ming

La ville de l'époque des Han antérieurs, divisée en quartiers (li), semble avoir représenté une juxtaposition de villages formant une ville agricole. Le caractère «li» désigne en effet à cette époque à la fois un village, un quartier de ville et une mesure de longueur et de superficie. Ce dernier sens indique bien qu'il s'agit à l'origine, dans les villes, d'allotissements attribués par l'Etat. La centralisation Han a sans doute voulu conserver dans les villes, avec les quartiers «li», les structures villageoises qui permettaient de surveiller une population surtout agricole. En fait, il ne semble exister à cette époque ni opposition ni démarcation précise entre villes et campagnes.

Cette ville des Han antérieurs, peuplée en majorité d'agriculteurs, va progressivement évoluer pour devenir l'agglomération à population urbaine des Tang. L'évolution se fait jour dès les Han postérieurs, mais il est vraisemblable que les transformations sociales, les migrations de populations et les réformes agraires de l'époque troublée des Six Dynasties ont largement contribué à la désagrégation du système du «li».

A l'époque Tang, le système du quartier (fang) est déjà plus souple. La surveillance réciproque, comme d'ailleurs la solidarité, est organisée à l'intérieur de la ville ou du village par une répartition de la population en groupes de cinq maisonnées (bao). Chaque maisonnée du «bao» est solidaire de la conduite des quatre autres maisonnées et également de celle des autres maisonnées qui l'avoisinnent. De plus, chaque quartier, comme chaque village, est dirigé par un chef de quartier, représentant autorisé auprès de l'administration. L'unité ainsi formée jouit d'une certaine autonomie et la vie collective se situe dans ces quartiers dont les habitants sont unis par des liens familiaux, religieux ou professionnels. L'espace urbain est ainsi constitué de petites unités sociales closes et juxtaposées, indépendantes en quelque sorte du réseau hiérarchisé des organes administratifs. Si la croissance urbaine dès l'époque Tang et l'extraordinaire expansion économique des Song font éclater le système urbain et disparaître le quartier muré, les marchés fixes et fermés, les villes mercantiles des XIIe–XIIIe siècles n'aboutiront cependant pas à des changements sensibles du régime politique, à une véritable autonomie urbaine. Les quartiers réapparaîtront à l'époque Ming et l'essor urbain connaîtra dès lors un arrêt. Ce phénomène est dû aux petites dimensions des seules unités humaines cohérentes (habitants d'un même quartier, membres d'une même corporation); il est dû également à «la hiérarchie administrative qui superpose à chaque territoire un territoire plus vaste qui l'englobe» (J. Gernet «La ville chinoise au moment de l'apogée islamique», in l'Année sociologique, vol.17/1966). La vie locale, où l'éventail des relations reste restreint, est dominée de haut par une machine administrative dont la complexité s'est accrue avec l'essor économique et qui n'a pas créé les chartes, les garanties juridiques, les franchises et les privilèges capables de soutenir un développement libre des activités urbaines.

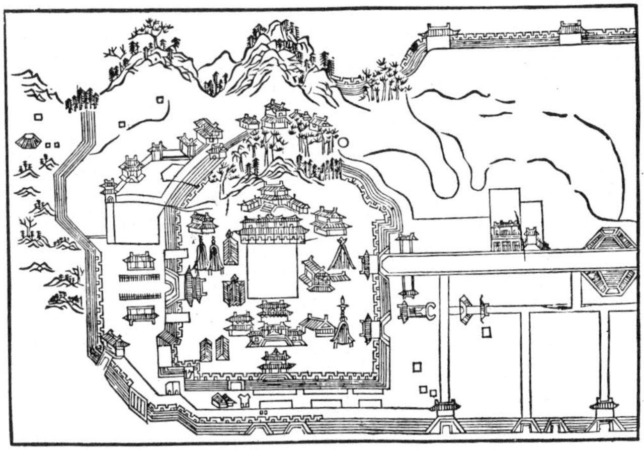

▲ Plan de la cité impériale de Hangzhou au XIIIe siècle, avec son enceinte entrecoupée de portes et son quartier du palais au centre, d'après un ancien document chinois.

© Graf zu Castell

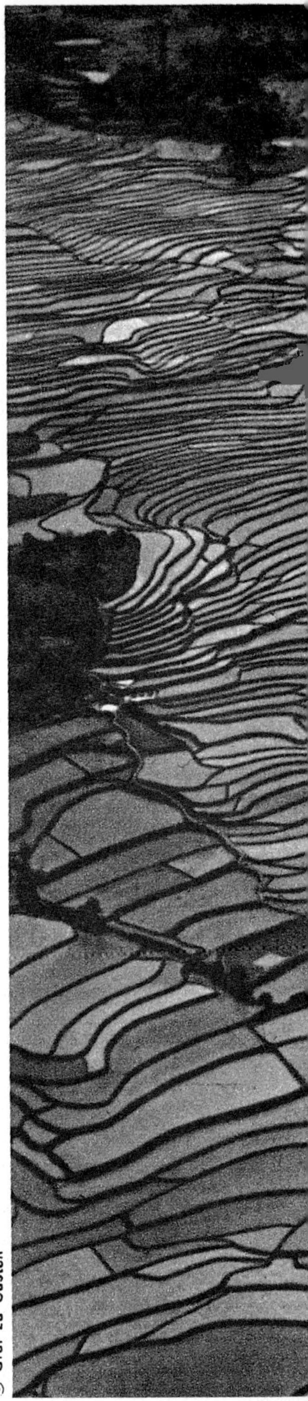

© Graf zu Castell

Graf zu Castell

Enceinte de Pékin, tour extérieure de la porte Qian men (avant sa restauration): élévation et vue latérale 1:400

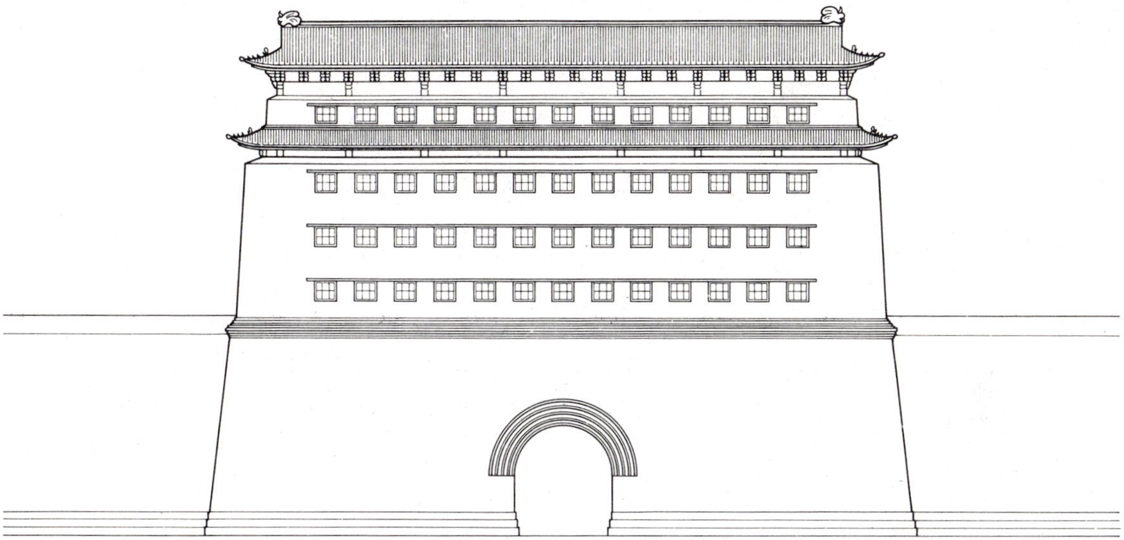

tour intérieure de la porte Pingzi
(actuellement Fucheng men): vue latérale 1:400

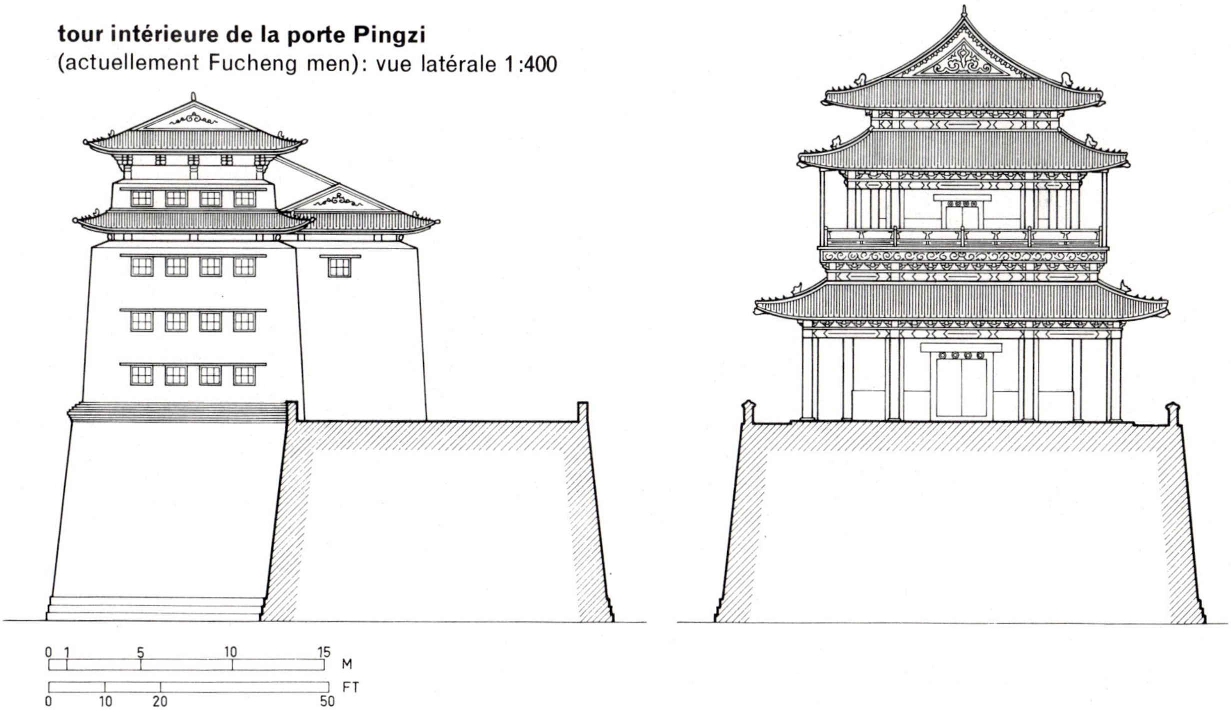

Enceinte de Pékin, porte intérieure Yongding men: coupe longitudinale et plan 1:300

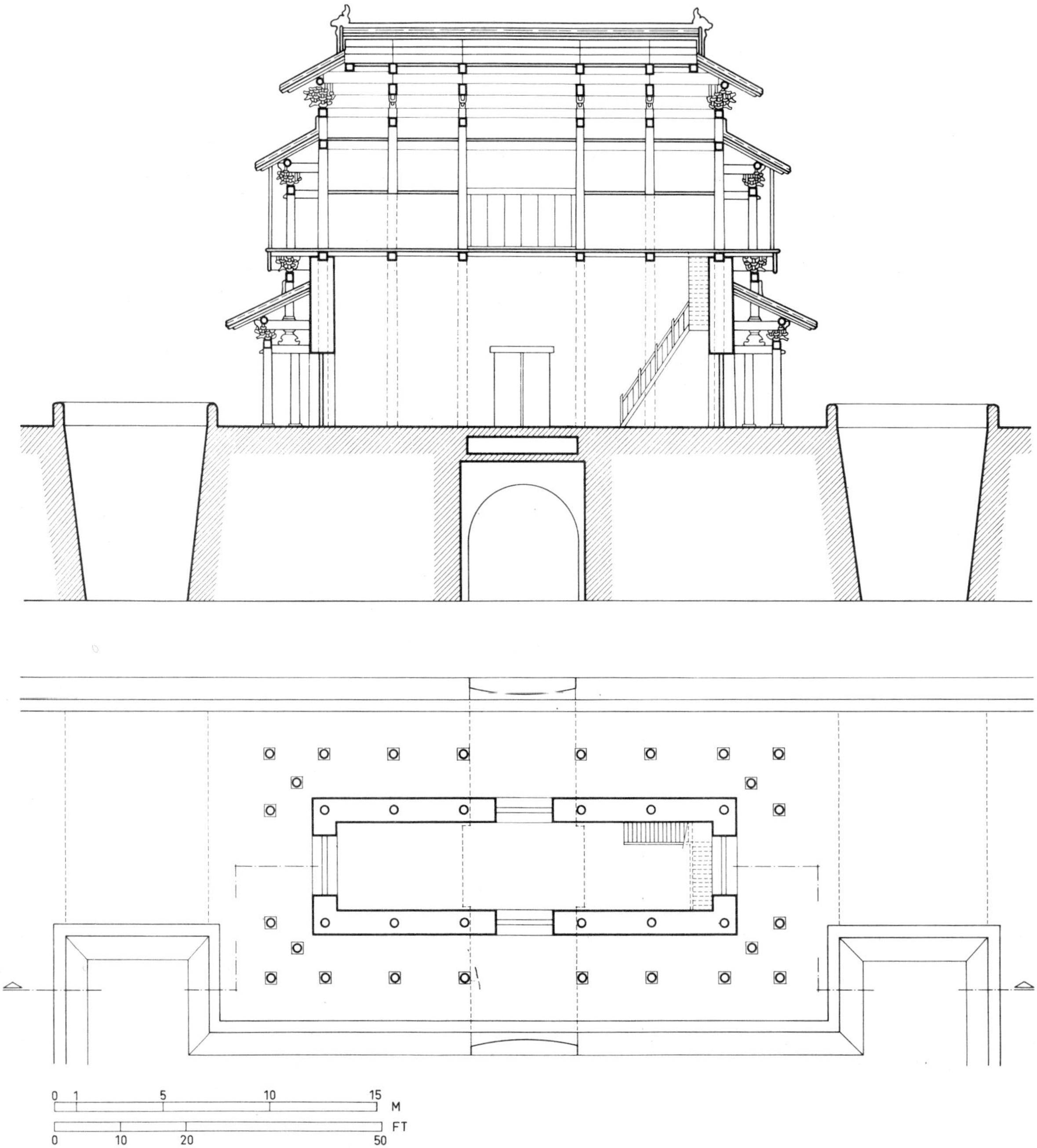

2. Urbanisme

C'est dans l'espace urbain que se concrétisent le mieux les conceptions architecturales chinoises, indissolublement liées à un ordre social tant réel qu'idéal, à une vision structurée du cosmos et à une certaine hiérarchie des valeurs.

Les textes anciens nous donnent une idée de ce que doit être la fondation d'une ville. Le fondateur commence par une inspection du pays. Pour fixer l'orientation, «il observe les ombres, il examine les versants ensoleillés et sombres, le «yang» et le «yin» de la contrée, afin de savoir comment se répartissent les principes constitutifs du monde. Il se rend compte enfin de la direction des eaux courantes. C'est à lui qu'il appartient de reconnaître la valeur religieuse de l'emplacement [ce que l'on appellera, plus tard, le «feng shui»]. (Marcel Granet «La civilisation chinoise», Paris, 1948).

A ces impératifs géomantiques, dont le rôle déterminant se maintiendra tout au long de l'histoire chinoise, s'ajoutent, pour le choix d'une ville, des considérations pratiques (possibilités de ravitaillement en vivres et en eau, de défense, facilité des communications, présence d'une zone artisanale), et des facteurs culturels parmi lesquels prime la valeur mythique et historique du site.

L'emplacement une fois choisi, et le moment propice pour construire étant fixé, on commence par élever les remparts qui représentent la partie la plus sainte de la ville, puis le temple des Ancêtres, et enfin les palais et les maisons.

Les plus anciennes prescriptions chinoises d'urbanisme (celles du Zhou li ou rituel des Zhou) tendent à faire du plan de la ville un cosmos, une image fidèle de l'univers mis en ordre. Cette recherche d'harmonie implique une importance particulière accordée à l'orientation. La capitale idéale est un quadrilatère ceint de murs avec douze portes correspondant aux douze mois de l'année. Au centre, s'élève la résidence royale, elle aussi carrée et enfermée dans son enceinte, formant une cité à elle seule. Chaque édifice y a sa place assignée: au centre, la salle des audiences s'ouvre sur une voie qui, passant entre l'autel du Sol et le temple ancestral, aboutit à la porte Sud. C'est cette avenue qu'emprunte le cortège des vassaux dont le prince, face au midi, reçoit l'hommage. Le palais, ainsi placé au cœur de la ville et symboliquement de l'univers, fait face au sud et tourne le dos au marché public qui se trouve au nord de son enceinte. Cette position du marché, caractéristique de la situation inférieure dans laquelle l'idéologie officielle maintenait le commerce, restera une constante des capitales chinoises successives, à l'exception de la Changan des Tang.

Les canons d'orientation de la ville chinoise, son plan tracé au cordeau, ses axes principaux sud-nord et est-ouest, rappellent les divisions de la cité romaine; mais le plan chinois centré autour du prince, gouvernant du monde et pivot du cosmos, ou autour de son représentant provincial, s'oppose au centre romain qu'est le forum, symbole des intérêts de la population urbaine, de ses droits et du rôle actif qu'elle joue dans les affaires civiles et religieuses de la cité. L'opposition, sur le plan sociologique, peut se résumer dans le fait que le citadin, en Chine, n'est pas considéré comme un citoyen, mais comme un sujet. La capitale n'est pour lui qu'une résidence provisoire, une sorte d'arène du pouvoir ou des affaires, où il demeure aussi longtemps que la fortune l'y maintient.

Le plan en avenues sud-nord et est-ouest, divisant la ville chinoise en blocs, a une fonction de contrôle social. Ces blocs entourés de murs, qui constituent autant de petites villes, en soi complètes, sont des unités pour le recensement et le recrutement, qu'il s'agisse du service militaire ou des corvées. Juxtaposition de cellules closes, la ville ne comporte pas de centre ouvert autour duquel se concentre, à partir duquel rayonne l'activité urbaine, et qui correspondrait à l'agora, au forum ou à la place-carrefour, mais plutôt une longue progression au long d'un axe et dans une direction donnée, avec une distribution des éléments architecturaux de part et d'autre de la composition. Cette valeur accordée à l'avenue principale, qui forme une voie triomphale, n'implique pas une progression ininterrompue. L'enceinte administrative contenant les palais et les offices gouvernementaux a toujours constitué une rupture. Les fonctionnaires qui avaient accès au Palais Impérial n'étaient pas libres d'aller où bon leur semblait. Les uns ne pouvaient se rendre qu'à certains bureaux, d'autres aux seuls quartiers domestiques, et leurs points d'entrée étaient strictement réglementés. L'ouverture au public de la voie triomphale ne fut réalisée à Pékin qu'à la chute de l'empire, en 1912.

Conçue par et pour les dirigeants, bâtie par une main-d'œuvre le plus souvent réquisitionnée, la ville chinoise est pensée à une échelle très vaste et programmée avec une ambition qu'aucun Etat occidental ne pourra se permettre entre la décadence de Rome et la révolution industrielle du XIX siècle. Couvrant souvent d'immenses superficies, les villes sont beaucoup plus peuplées que les agglomérations européennes de la même époque:

- Luoyang (VIe s. de notre ère): 500000 habitants
- Nankin (VIe s.): 1 million d'habitants
- Changan (VIIe-Xe s.): plus d'un million d'habitants
- Hangzhou (1275): 1 million d'habitants
- Pékin (fin du XVIIIe siècle): 2 ou 3 millions d'habitants

et en comparaison:

- Paris (XIIIe s.): 100000 h.
- Byzance (1453): 180000 h.
- Paris (XVe s.): 200000 h.
- Venise (déb. XVe s.): env. 200000 h.
- Paris (1784): 620000 h.

Cette importance du phénomène urbain dans un dispositif économique pré-industriel tient peut-être au caractère bureaucratique de la société chinoise, mais aussi au fait que celle-ci atteignit très tôt un équilibre entre ensembles urbains et milieux ruraux, les premiers étant articulés aux seconds dont ils sont souvent le grenier et l'entrepôt. La plupart des centres traditionnels ont été soit des villes-marchés servant les besoins de communautés agricoles locales, soit des cités administratives commandées par des considérations politiques et militaires susceptibles de varier. Ainsi s'expliquent les changements de capitale. On reconstruit facilement une ville, en s'inspirant d'ailleurs des réalisations antérieures, soit à l'avènement d'une dynastie nouvelle, soit pour des raisons démographiques. Pékin, comme Changan, sont des exemples classiques de réutilisation d'un site, de refonte de l'échelle d'une ville administrative au cours des siècles. La cité constitue donc une œuvre collective dont l'unité est due à la tradition sur laquelle repose son plan, et à une conception monumentale appliquée à l'ensemble et non à quelques monuments particuliers. Comme nous l'avons vu, aucun bâtiment ne domine les autres, et ce sont ici les murailles, les portes et les tours d'angles qui constituent les points les plus massifs et les plus élevés, rappelant la fonction essentielle de défense qui définit toute ville chinoise, et en fait avant tout une muraille contre les Barbares et contre tout désordre mettant en danger l'organisation harmonieuse du monde.

Naissance des villes

La nécessité de se défendre et de fortifier les villages en les entourant d'un mur en terre damée apparaît, en Chine, à la fin de l'époque néolithique, pendant la phase de Longshan. Mais il faut attendre l'apparition de la métallurgie, à l'époque Shang, pour que naisse la ville, «élément expressif du nouveau dispositif fonctionnel pris par la collectivité humaine». (Leroi-Gourhan «Le geste et la parole», t. I, Paris 1964).

La première cité Shang que nous connaissions est Zhengzhou (Henan), qui pourrait être Ao une capitale Shang (env. XVIe-XIVe siècle av. J.-C.). Rectangulaire et couvrant une superficie de 3 km^{2}, elle est entourée d'un mur construit en couches damées de 8 à 10 cm d'épaisseur chacune. La ville semble avoir été surtout un centre politique et religieux, l'intra-muros étant occupé par l'aristocratie dirigeante, tandis que les artisans (fondeurs, potiers, sculpteurs) et les paysans vivaient dans les faubourgs. La seconde capitale fouillée, celle d'Anyang (Henan), occupée du XIVe au XIe siècle av. J.-C., forme un ensemble très homogène offrant les mêmes caractéristiques que Zhengzhou. Le site couvre les rives de la rivière Huan; la ville s'étendait sur la rive sud, tandis que la rive nord était réservée aux sépultures.
La capitale Shang, centre nerveux du royaume qu'elle contrôlait politiquement et économiquement, protégée par son enceinte défensive, centrée sur ses réserves de céréales et son trésor, était animée par le roi, les dignitaires et les prêtres, eux-mêmes servis par un peuple de domestiques, d'artisans groupés par spécialités et d'agriculteurs vivant dans des villages.

Les traditions Shang paraissent subsister sous les Zhou occidentaux, au début du Ier millénaire avant notre ère, mais aucun vestige de ville datant de cette période n'a été mis au jour. En fait, les changements semblent intervenir au début des Zhou orientaux (VIIe-VIe siècle). Avec l'apparition d'Etats provinciaux, le nombre des villes augmente. Plusieurs de ces cités féodales ont été fouillées. En 1957–58, une ville murée ancienne était découverte à Houma, au sud du Shanxi. Il s'agit peut-être de la capitale de l'Etat de Jin, Xintian (VIe-Ve siècle). La ville, assez petite, était entourée de murailles en terre et comportait des palais. Les quartiers d'artisans étaient à l'extérieur de la cité.

Contemporaine, Linzi (Etat de Qi), au Shandong, très grande ville en son temps, abritait 70000 familles, et possédait désormais un quartier d'artisans à l'intérieur de la muraille.

Avec Handan (Etat de Zhao), au Hebei, nous abordons le IVe siècle. Le site, malheureusement incomplet, est de forme carrée et comprend seize plates-formes en terre dont la plus importante a 13,50 m de haut.

Un peu plus tardive (IVe siècle) est Xiadu (Etat de Yan), au Hebei. Cette ville, parmi les plus célèbres de l'époque des Royaumes Combattants, a été fouillée en 1961–62. Le développement de la muraille est d'environ 20 km. La ville, rectangulaire, se divise en deux parties carrées, l'une à l'ouest, l'autre à l'est, séparées par un canal nord-sud qui devait servir au transport des grains. Des vestiges de quatre portes, de routes et de canaux furent retrouvés. La cité orientale, la plus riche des deux en vestiges culturels, a livré des terrasses, dont celle qui formait la substructure du palais, des vestiges d'ateliers (potiers, fondeurs d'armes, d'outils et de monnaies, artisans de l'os), et des quartiers d'habitation (au S.-O.). La partie nord-ouest de cette moitié orientale de Xiadu était occupée par les tombes royales.

Les fouilles effectuées sur ces sites laissent entrevoir une évolution qui affecte l'échelle de la ville et des palais, celle-ci s'agrandissant du VIe au IIIe siècle; elles permettent également de dégager quelques conclusions:

1. Les villes sont encloses de murailles, construites toujours en terre damée. Les terrassiers, après avoir creusé une tranchée de fondation peu profonde, entassent la terre entre des planches qui, soutenues par des piquets et posées de champ, en ligne, forment un long coffrage. Ils dament avec soin la première banchée avant d'élever une seconde assise. Chaque assise a entre 4 et 7 cm d'épaisseur, et les murailles de cette époque ont une largeur variant de 5 à 15 m. Des portes, munies de tours, forment souvent une véritable place d'armes, une sorte de fortification à redans.
2. La majorité des villes est carrée ou rectangulaire. L'orientation de la cité et des bâtiments officiels est soumise aux points cardinaux, avec l'accent porté sur l'axe nord-sud.
3. Des plates-formes en terre servent toujours de fondations aux structures qui jouent un rôle politique ou rituel.
4. La constitution de quartiers spécialisés est générale et participe du cloisonnement social qui restera un des traits marquants de la civilisation chinoise.

La cité Shang se présentait comme un enclos religieux et administratif, réservé à l'aristocratie, ainsi distinguée du reste de la communauté. Avec la nouvelle disposition de la ville qui prend forme vers le VIe siècle, outre l'enclos protégé qui abrite le centre aristocratique, une zone plus large est entourée d'une autre muraille et comprend les quartiers d'artisans, les résidences et les rues commerçantes. Trois unités spatiales distinctes apparaissent désormais à l'intérieur du complexe urbain:

1. un espace clos réservé à l'aristocratie,
2. les quartiers d'artisans et de commerçants dans une

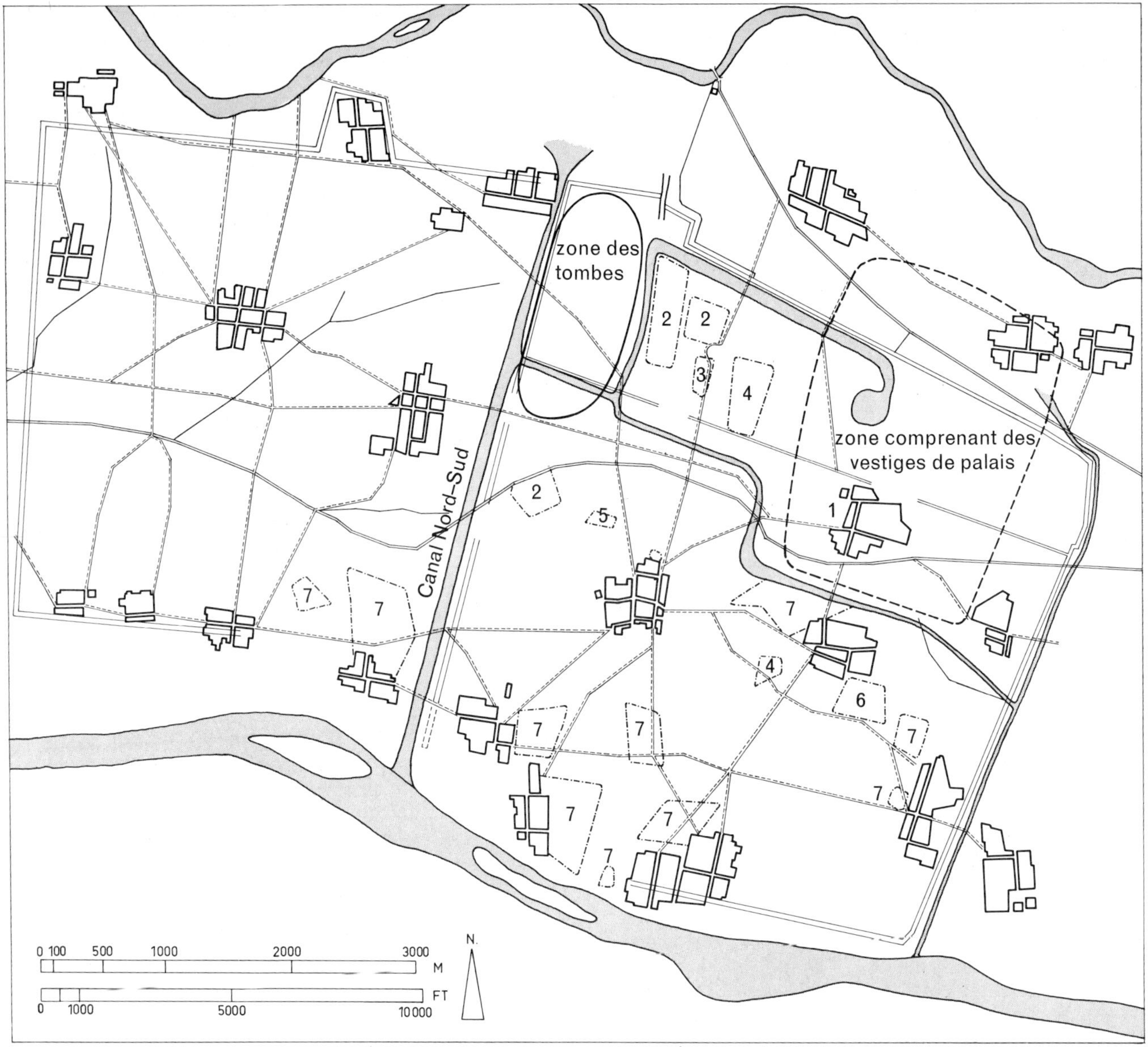

▲ Plan des vestiges de la ville ancienne de Xiadu (Etat de Yan), à Jixian, au Hebei

1 terrasse Wuyang, centre de la zone des palais
2 ateliers de fondeurs de fer
3 ateliers d'artisans travaillant l'os
4 ateliers de fabrication d'armes
5 ateliers de fonte des monnaies
6 fours de potiers
7 principaux vestiges d'habitations citadines

enceinte plus large,
3. enfin les champs cultivés à l'extérieur de la muraille.
Quand cette double fortification existe, la muraille externe est appelée «guo», la muraille interne, entourant la zone des palais, «cheng». La ville est alors un refuge qui peut, en cas de besoin, abriter le peuple entier des laboureurs.

Cette nouvelle formule symbolise l'importance croissante et la plus grande spécialisation des artisans dont les quartiers sont alors placés sous le contrôle et la protection de la ville fortifiée. En outre, les rues commerçantes constituent dorénavant une partie importante de la cité. Les textes historiques confirment les fouilles sur ce point, et attestent que l'on pouvait acheter bijoux, cuirs, tissus, sel, médicaments et objets d'art dans les boutiques de ces villes qui comptaient également auberges, restaurants, bordels et maisons de jeux. Notons enfin que l'élargissement de l'enceinte, souvent renforcée par des fossés, indique un besoin de plus en plus grand de défense.

Les Qin et les Han (IIIe siècle av.-IIIe siècle ap. J.-C.)

L'empire unifié de Qin Shi huang di, puis des Han, recueillit les fruits des innovations de l'époque féodale.

Lors de sa victoire finale (221 av. J.-C.), Qin Shi huang di fit transférer dans sa capitale Xianyang (au Shânxi) 120000 familles parmi les plus puissantes et les plus riches de l'empire. Chaque fois qu'il avait conquis une seigneurie, il faisait rebâtir à Xianyang une réplique du palais qu'il avait détruit, le décorait avec les trésors confisqués et y logeait les femmes prises au vaincu. Palais et pavillons ainsi reproduits dans sa capitale se montaient à 145. La ville impériale était devenue, symboliquement et concrètement, une concentration de l'empire. Elle contenait des otages pris à la Chine entière et des principes d'influence valables pour chacune de ses provinces.

Les Han, dès leur prise de pouvoir en 206 av. J.-C., réutilisèrent beaucoup des sites urbains de l'époque des Royaumes Combattants, et en créèrent de nouveaux adaptés à la récente répartition administrative de l'empire.

L'agglomération typique de l'époque est entourée de murailles percées de portes sur les quatre côtés. La ville, à l'intérieur de son enceinte, se divise en plusieurs quartiers séparés les uns des autres par des rues ou des avenues. Chaque quartier, également entouré d'un mur qui ne comporte qu'une seule entrée contenait environ cent maisons, chacune munie elle aussi d'une enceinte. A partir de l'entrée unique du quartier, de petites ruelles desservaient chaque maison. Les habitants, pour sortir de la ville, devaient donc passer au moins trois portes: celle de leur maison, celle de leur quartier, et enfin celle des murailles de la ville. Toutes ces portes étaient surveillées par des gardiens, et fermées la nuit. Ce système, consistant à enfermer la population à l'intérieur d'un quartier muré, facilitait la surveillance et le recrutement.

Dans toute grande ville, un quartier spécial était réservé au marché comprenant des boutiques. Marchands et artisans

▼ Carte des villes qui ont occupé, au cours de l'histoire, l'actuelle Sian (Shânxi)

1 Feng jing (1122 av. J.-C.)
2 Hao jing
3 Xianyang des Qin (246 av. J.-C.)
4 Changan des Han (env. 200 av. J.-C.)
5 Changan des Sui et des Tang (581 de notre ère)
6 La ville des Ming (1390)
7 Sian en 1958

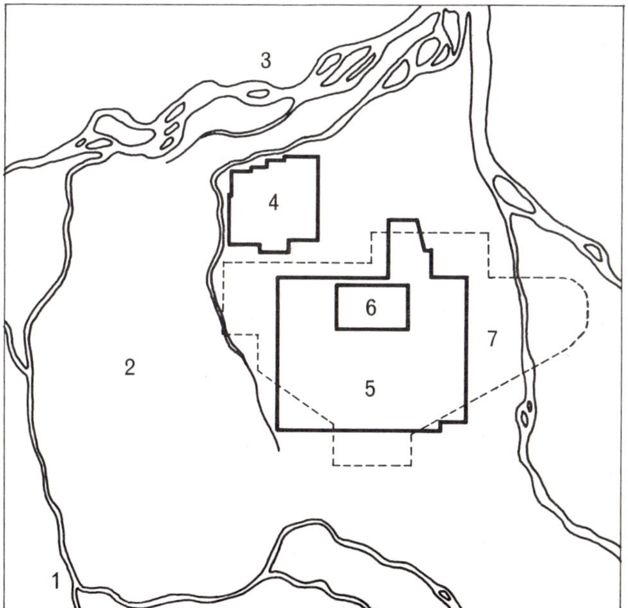

habitaient à proximité de ce marché, tandis que les cultivateurs résidaient près des portes, afin de pouvoir sortir facilement pour les travaux des champs. Au centre de la cité, se trouvaient les administrations.

Le nombre des villes à l'époque des Han antérieurs (206 av.-9 ap. J.-C.) semble avoir dépassé 37000. Ce nombre diminue peu à peu sous les Han postérieurs (25-220 de notre ère) pour tomber à 17000 environ. Ce phénomène s'explique par l'augmentation d'importance des faubourgs due à l'accroissement démographique; les villes s'agrandissent, et la politique officielle de centralisation entraîne une concentration de la population. D'autre part, la colonisation et le défrichement de terres nouvelles entraînent la constitution de latifundia qui prennent la forme de villages.

Les prospections et les fouilles sur le site de la capitale des Han antérieurs, Changan, ont commencé en 1956. La ville, grosso modo carrée, suivant, au nord, le cours de la rivière Wei, se trouvait au nord-ouest de l'actuelle Sian (Shânxi). Le développement de l'enceinte est de 25,1 km. Celle-ci, commencée en 192 av. J.-C., fut achevée en 189 av. J.-C. Sur chaque côté de la muraille (hauteur: 18 m, épaisseur: 16 m) s'ouvrent trois portes comportant chacune trois passages. Les palais de l'empereur et les demeures de l'aristocratie semblent avoir occupé le centre et le sud de la ville, soit 2/3 de la superficie totale de la cité, dont la partie nord-ouest comprenait les services administratifs et les quartiers d'artisans, tandis que les habitations du peuple étaient groupées au nord-est. Les neuf marchés importants étaient situés à l'est et à l'ouest de l'artère principale sud-nord de la ville. Changan comptait 160 quartiers fermés, séparés par des rues se croisant à angles droits, selon une disposition en forme d'échiquier qui restera la plus employée à l'avenir.

L'ère des grandes réalisations: les Sui et les Tang (589–907)

Luoyang, capitale des Han orientaux, devait demeurer un centre très animé au temps des Trois Royaumes et des Six Dynasties. Elle comptait 500000 habitants au VIe siècle à l'intérieur d'une muraille de 4 km nord-sud sur 2,5 km est-ouest. Mais cette longue période de troubles (221–589) qui fit suite aux Han ne fut guère propice aux grands projets d'urbanisme, et il faut attendre la réunification opérée par les Sui à la fin du VIe siècle pour voir se réaliser des plans grandioses qui seront parachevés par les Tang (618–907).

Changan (la «cité de la longue paix»)

Les Sui, en réunifiant l'empire, décidèrent d'édifier une capitale à une échelle nouvelle et inégalée. Ils choisirent pour ce faire le site de Changan et établirent le plan de la ville, dont la réalisation et l'embellissement allaient être continués par les Tang au cours des deux premiers siècles de leur hégémonie.

Site adopté par les Zhou, les Qin et les Han, Changan présentait de nombreux avantages dont le moindre n'était pas la région fertile et bien peuplée qui l'entourait, reliée par voie de terre à l'Asie Centrale, par voie d'eau au Sichuan au sud comme au Shandong à l'est. Les arguments symboliques comptaient aussi, et l'histoire, comme précédent et comme garantie d'expérience, semble avoir joué un rôle décisif dans le choix de la nouvelle capitale. Les grandes dynasties chinoises avaient, en effet, remporté leurs succès dans et à partir de cette plaine, dont les nombreuses tombes anciennes constituaient autant de liens avec un passé prestigieux. Mais les Sui voulaient bâtir à neuf, aussi ne reprirent-ils pas ce qui restait de la ville des Han et qui était tombé en ruines. Un nouveau site, au sud-est de la vieille cité, fut jugé faste et de bon augure: il était bordé par deux rivières au nord et à l'est, ce qui rendait l'adduction d'eau très commode.

Tout en conservant un grand nombre des caractéristiques de la cité idéale du Zhou li, la Changan des Sui et des Tang présente des innovations attribuables à deux sources:

1. l'origine non «han» de Yu Wenkai (555–612), le plus fameux architecte, ingénieur et urbaniste de la ville sous les Sui, qui avait vu et voulait s'inspirer des capitales barbares édifiées en Chine du Nord entre le IIIe et le VIe siècle,
2. l'esprit pragmatique qui devait présider à la conception de la ville. Les principales innovations consistèrent à placer le palais contre le mur nord de la ville, à concentrer les bureaux gouvernementaux dans un quartier entouré de murs et situé juste au sud du palais, à disposer les quartiers résidentiels au sud, à l'est et à l'ouest du complexe palais-administrations, enfin à établir les deux marchés, non plus au nord du palais, mais de façon fonctionnelle, pour servir d'entrepôts aux denrées arrivant dans la ville en provenance de l'est et de l'ouest.

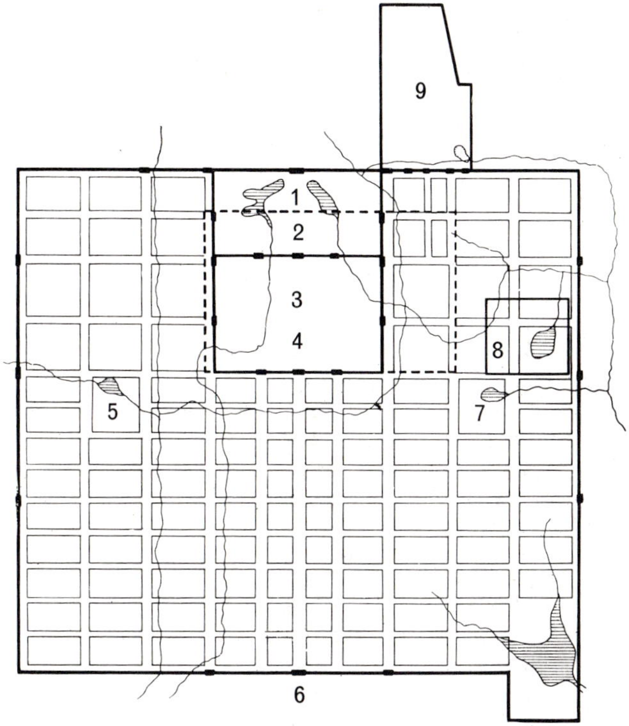

▲ Plan de la Changan des Tang (618–907)

1 Palais Taiji
2 Porte Chengdian
3 Cité impériale
4 Porte Zhujue
5 Marché de l'ouest
6 Porte Mingde
7 Marché de l'est
8 Palais Xingqing
9 Palais Daming

Le plan

Le plan de la ville adopte un parti en gros symétrique. La cité s'étend, sur 9,721 km de l'est à l'ouest et sur 8,652 km du nord au sud, avec une enceinte de 35,5 km de développement et d'environ 5 m de largeur. Cette muraille était percée de trois portes sur chacun des côtés sud, est et ouest, et de huit portes sur le côté nord. La ville était divisée en trois parties:

– à l'extrême nord: le palais impérial (2820 m × 1492 m), entouré d'une muraille en terre dont la largeur à la base atteignait 18 m par endroits;

– au sud du palais: la cité impériale (2820 m × 1844 m), contenant les organismes gouvernementaux et leurs dépendances;

– enfin la cité extérieure qui entourait les deux premières au sud, à l'est et à l'ouest.

Le palais impérial et les bâtiments officiels étaient ainsi nettement séparés des quartiers habités par le peuple et des marchés. De plus, la cité impériale, entourée de murailles à l'est, à l'ouest et au sud, était séparée du palais par une avenue de 220 m de large.

L'axe sud-nord de la ville partait de la porte Mingde (à cinq ouvertures) au milieu de la muraille sud, passait par la porte Zhujue de la cité impériale pour aboutir à la porte Chengtian du palais. Cette avenue, large de 150 à 155 m était bordée de chaque côté par un canal de 3 m de largeur. Des rues, parallèles à celle-ci, larges de 100 m environ, et pavées en brique, conduisaient aux autres portes de la cité impériale.

Notons à titre de comparaison qu'à Paris, au début du XVIIe siècle, les grandes artères comme les rues Saint-Martin et Saint-Denis n'avaient pas en moyenne plus de 10 à 12 m de largeur, et que les voies nouvelles n'étaient pas conçues avec plus d'ampleur: la rue Dauphine, destinée à servir de prolongement au Pont-Neuf et qu'Henri IV, à qui elle est due, qualifiait de «belle rue», fut ouverte avec 10 m seulement de largeur.

Les quartiers

Le système d'organisation des quartiers est une des caractéristiques de la ville des Tang. L'axe sud-nord séparait la cité extérieure en deux districts (est et ouest), ayant chacun son administration et sa police. L'ensemble était partagé par onze artères S.-N. et quatorze artères E.-O. en 108 quartiers carrés ou rectangulaires. Le grand poète Bai Juyi (776–846), qui habitait près du mur oriental de la ville, a évoqué cette disposition en damier:

«Dix mille maisons ressemblent à une partie d'échecs,
Les rues sont comme des lopins maraîchers.»

Chaque quartier (appelé «fang») était enfermé dans ses propres murailles. Les plus petits couvraient une superficie d'environ 25000 m^2, avec deux portes, l'une à l'est, l'autre à l'ouest, et une grande rue les reliant, tandis que les plus vastes avaient deux à quatre fois cette dimension, avec quatre portes et deux avenues se croisant à angle droit. Les portes des quartiers étaient fermées à la tombée de la nuit, et les rues aveugles se faisaient alors désertes. L'intérieur de ces «fang» comptait des maisons d'habitation et des temples. Là, résidaient fonctionnaires, propriétaires terriens, moines, commerçants et artisans, ainsi qu'un grand nombre d'étrangers. Les monastères occupaient souvent l'emplacement d'un demi-quartier ou d'un quartier entier. Les avenues et les rues intérieures (entre 20 m et 40 m de large) étaient plantées d'arbres. Dans l'angle sud-est de la ville, un jardin autour d'un étang offrait aux citadins ses kiosques, ses pavillons et ses promenades. Mais ce parc n'était ouvert au peuple que les jours de fête, et était réservé, le reste de l'année, à la famille impériale et à l'aristocratie.

Les marchés

Les deux marchés de l'Ouest et de l'Est, centres commerçants et artisanaux de la cité, occupaient chacun deux quartiers sur une ligne parallèle devant la ville impériale. Quatre rues se croisant divisaient chaque marché en neuf carrés, dont celui du centre était le siège des bureaux administratifs, chargés de contrôler les mesures, de fixer les prix et les taxes. Ces deux marchés réunissaient 220 commerces. L'ouverture du marché était annoncée à midi par 300 coups de tambour, et sa fermeture était marquée par 300 coups de cloche sept quarts d'heure avant le coucher du soleil. Les étalages, les boutiques des marchands d'une même branche, les échoppes des artisans d'un même métier s'alignaient à des emplacements fixés. Chaque corps de métier avait sa rue spéciale («hang», terme qui à partir du VIIIe siècle commencera à prendre le sens de guilde ou de corporation). Les fouilles effectuées sur l'emplacement de la rue sud du marché de l'Ouest ont livré de nombreuses monnaies Tang, des objets de toilette, ainsi que des perles et des parures en agate et en cristal. Ce marché de l'Ouest (927 m × 1031 m) possédait des rues bordées de caniveaux; les textes y placent les bijouteries et les débits de vin tenus par les marchands d'Asie centrale et occidentale. Les monnaies sassanides et les pièces d'or de l'Empire romain d'orient trouvées dans les tombes de l'époque témoignent du commerce international qui était pratiqué à Changan.

Le plan de cette immense capitale servit de modèle à de nombreuses villes tant chinoises, comme Luoyang au Henan, qu'étrangères, comme la capitale japonaise de Nara fondée en 710. Conçue à l'échelle du continent qu'elle gouvernait, Changan comptait à la fin du VIIe siècle un million d'habitants intra-muros, très inégalement répartis dans la ville, puisque certains quartiers étaient occupés par des champs, des terrains d'exercices militaires ou de polo, des parcs d'agrément dépendant des maisons de la haute société. Les quartiers les plus animés étaient proches des deux marchés; là se rencontraient les rares constructions à étages de la ville, en général des maisons de thé et des restaurants. Enfin, l'ouverture facilitée des quartiers (qui possèdent deux ou quatre portes, au lieu d'une dans la Changan des Han) semble annoncer le cloisonnement moins strict et la circulation plus libre qui caractériseront les villes de l'époque Song.

En dehors de Changan et de Luoyang, qui fut reconstruite sous les Sui et les Tang à l'ouest du site occupé au VIe siècle, d'autres grands centres de l'époque Tang ont été repérés, en particulier des villes commerçantes du bassin du Yangzi, comme Yangzhou (Jiangsu) à l'est, et Chengdu (Sichuan) à l'ouest. Au croisement des voies de communication, s'établissent alors des marchés temporaires composés d'étalages en plein air, dont le développement finit par former des villes permanentes, à l'origine des cités mercantiles des Song.

La dynastie Song (960–1279)

Au Xe siècle, un ensemble de faits nouveaux va changer le visage de la ville chinoise:

– la pression des Barbares apparaît lourde de conséquences: fermeture des routes d'Asie Centrale, naissance des grands Etats Xixia, Liao, puis Jin, déplacement des routes et des capitales vers l'est. Les souverains Song s'installent en effet à Kaifeng, axée sur le sud-est pour son approvisionnement qui vient par voie d'eau (alors que Changan était tournée vers l'Asie Centrale et approvisionnée surtout par routes). Le phénomène ne fera que s'accentuer lors du transfert de la capitale à Hangzhou, à mi-chemin entre les grands ports de mer et la vallée du Yangzi:
– le progrès des techniques agricoles entraîne un accroissement de la population chinoise qui passe de 60 millions à 100 millions d'habitants entre 1060 et 1170.
– la nouvelle orientation de la fiscalité, qui repose sur des taxes commerciales (impôts sur le sel, le thé), s'accompagne d'une libération du commerce des céréales; enfin, le passage à l'économie monétaire favorise la formation des corporations et de gros marchés extra-muros.

Les conséquences à l'échelle des villes sont l'éclatement des quartiers et des marchés, le développement des classes populaires urbaines et du secteur tertiaire (activité de distribution).

La population urbaine se partage alors en trois grandes régions: celle du Nord autour de la capitale Kaifeng, celle du Sud-Est (Zhejiang et Jiangxi), et celle de l'Ouest (Sichuan). Ces trois régions recouvrent les trois principales zones économiques; les deux premières rendent compte, de plus, des deux centres politiques: Kaifeng et Hangzhou.

Kaifeng (Henan), capitale des Song du Nord (960-1126)

Construite en 955, la ville couvrait une superficie de 20 km², et était traversée par plusieurs voies d'eau. Parmi celles-ci, la rivière Bian, qu'enjambaient treize ponts, constituait la principale artère de communication fluviale. Trois enceintes successives enfermaient le palais au centre, puis la cité impériale, enfin la ville extérieure. Avec l'accroissement de la population dû à l'essor de l'artisanat et du commerce, les maisons de deux et trois étages se multiplient, ce qui fait dire aux auteurs Song que Kaifeng est une cité hérissée de tours. Le long de la voie impériale, large de 300 m, des galeries couvertes apparaissent, où les marchands sont autorisés à commercer. Sous l'empereur Hui zong (1101-1126), des barrières sont placées sur cette voie pour ménager une allée centrale réservée à l'empereur. Mais, en 1126, la ville est prise par les Jin qui font prisonniers et emmènent en captivité dans le nord-est l'empereur et 3000 personnes de la cour. Les Jin pillent les palais, emportent tout ce qu'ils trouvent de précieux, et emmènent avec eux les artisans et les artistes chinois qui travaillaient pour la cour.

Hangzhou (Zhejiang), capitale des Song du Sud (1127-1279)

Admirablement située au point d'aboutissement méridional du Grand Canal, entre le fleuve Qiantang et le lac de l'Ouest, Hangzhou était loin des zones d'incursion barbare et offrait l'immense avantage économique d'être à mi-chemin entre la Chine du Yangzi et la côte du Sud-Est où s'étaient développés de grands ports, notamment Fuzhou et Quanzhou. Pourtant ce site, malgré le charme et la douceur de son paysage, ne fut pas adopté d'enthousiasme comme siège du gouvernement central. Les empereurs Song espéraient toujours reconquérir le nord, et ne considéraient Hangzhou que comme une résidence provisoire («xingzai»: désignation encore utilisée lorsque la ville sera occupée par les Mongols, et que Marco Polo transcrit par Quinsay). Cette installation qui se voulait temporaire eut cependant des conséquences prodigieuses. Cette ville qui, avant l'arrivée de la Cour, avait l'importance d'une simple préfecture, et dont la population devait être inférieure à 200000 habitants, allait devenir, en moins de deux siècles, le grand centre économique de la Chine du Sud en plein essor, la cité la plus riche et la plus peuplée du monde. La population ne cesse en effet, pendant cette période, de s'accroître, et passe de 468000 habitants en 1170 à un million en 1275.

▼ Plan de Hangzhou, au Zhejiang, capitale des Song du Sud (1127–1279)

1 palais impérial
2 avenue impériale
3 canal principal
4 enceinte du VIIe siècle
5 enceinte extérieure de 893

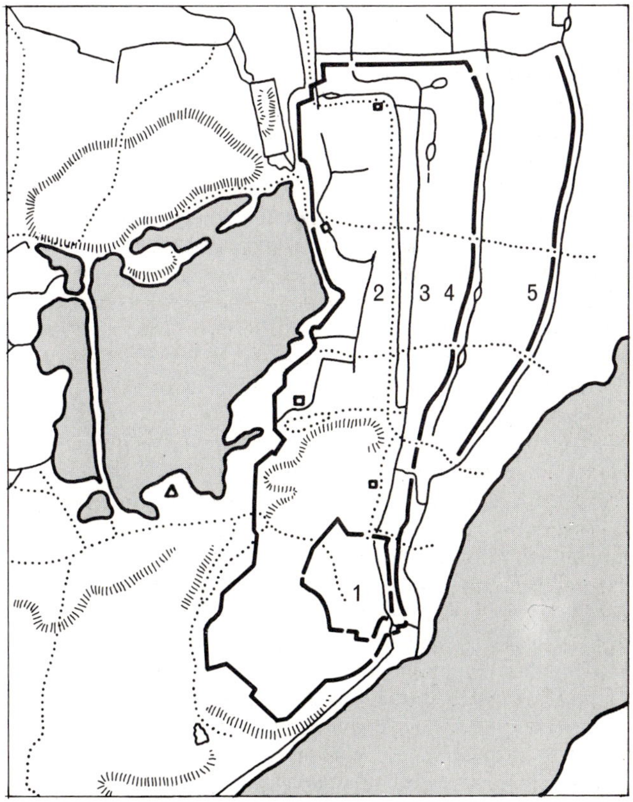

Au XIIIe siècle, toute la superficie à l'intérieur des remparts est construite et le peuplement déborde largement sur les faubourgs. Le manque de place et l'accroissement de la population vont imposer la construction de maisons à plusieurs étages (vraisemblablement trois à cinq). Si la partie sud de la ville, quartier résidentiel des aristocrates, des fonctionnaires et des riches marchands, est peu peuplée, l'entassement est tel dans les quartiers populaires que les incendies sont fréquents. Les maisons sont en bois et le feu fait d'immenses ravages; en 1132, 13000 maisons sont détruites, en 1137, 10000. La ville est divisée en secteurs pour la lutte contre les incendies, avec des tours d'observation et des escouades de soldats affectés aux secours.

Les canaux de la ville et ceux qui sortent des remparts par les cinq portes d'eau, reliant Hangzhou aux préfectures voisines, étaient de dimensions variables: les plus importants devaient avoir six à dix mètres de largeur. Les ponts étaient au nombre de 117 en 1271, sans compter les 230 ponts des faubourgs. La principale avenue de la ville, la voie impériale, large de 60 m et longue de plus de 5 km (couvrant une distance supérieure à la ligne des grands boulevards à Paris, de la Madeleine à la Bastille), était bordée de maisons de thé, où les gens de la bonne société venaient apprendre à jouer des instruments de musique, et de boutiques de luxe où l'on pouvait acheter des denrées étrangères ainsi que des produits régionaux (soies et fleurs de Suzhou...). Presque toutes les rues semblent avoir été pavées de larges dalles de pierre. Dans beaucoup s'étaient ouvertes de petites boutiques vendant un peu de tout. De plus, dix grands marchés témoignent de l'intense activité commerciale de Hangzhou. La ville recevait du riz, du porc et du poisson salé, des bambous, du bois de chauffage et de construction. L'artisanat local était florissant: bijoux, fleurs artificielles, jouets, livres et porcelaines. Le sel, l'alcool et le thé, qui échappaient au commerce libre, faisaient la richesse des gros marchands travaillant pour le compte de l'Etat. Cette prospérité allait forcer la campagne à s'adapter au phénomène urbain, à développer les cultures maraîchères et l'élevage. Elle allait également favoriser l'essor des industries de la distraction; cabarets, théâtres, restaurants, hôtels, traiteurs, maisons de thé et de chanteuses se multiplient; innombrables sont les amuseurs publics, les jongleurs, marchands ambulants, lutteurs, funambules et prestidigitateurs. Le nombre des prostituées dans les maisons de thé et les cabarets est ici beaucoup plus important qu'il ne l'était à Kaifeng; elles habitent des maisons luxueuses et entretiennent une domesticité. Enfin, le long du lac et dans la banlieue sud, des parcs et des jardins offrent aux citadins mille lieux de réunion et des divertissements de toute sorte. Cette ville des Song apparaît ainsi très différente de la Changan des Tang; le commerce et le goût de la distraction ont fait éclater le dispositif ancien des quartiers clos. La vie nocturne, pratiquement inexistante dans les rues Tang, est à Hangzhou particulièrement animée.

Si la ville actuelle, en dehors de la splendeur de son site, ne conserve guère du XIIIe siècle que la pagode des Six Harmonies (Liuhe ta) et quelques vestiges dispersés dans les collines, les descriptions anciennes ne manquent pas, celles des lettrés chinois, des voyageurs japonais, celle, enthousiaste, de Marco Polo qui visita Hangzhou à la fin du XIIIe siècle et écrivait alors: «Il n'y a pas au monde ville pareille... ni qui vous offre au même degré des délices telles que l'on se croirait en paradis.» De plus, toute la vie de cette époque est retracée dans une étude magistrale (J. Gernet «La vie quotidienne en Chine à la veille de l'invasion mongole, 1250-1276», Paris 1959), à laquelle nous avons emprunté les principales données de ce paragraphe.

L'urbanisme sous les Yuan, les Ming et les Qing (1280-1911)

A l'époque Yuan (1280-1368), apparaissent dans les villes les tours du Tambour et de la Cloche, et les tours de marchés. La plupart de ces édifices se dressent sur de hautes terrasses et comptent deux ou trois étages, avec un balcon en saillie entourant l'étage principal. L'une des plus belles de ces tours, d'où l'on sonnait les veilles et le couvre-feu, est celle de la ville de Sian (site de l'ancienne Changan), qui date du début de l'époque Ming.

Les Yuan, puis les Ming, restaurent le système des quartiers fermés tels qu'ils existaient avant les Song. Un grand nombre de villes et de villages se fortifient, dans la crainte d'un retour des envahisseurs nordiques et surtout des révoltes paysannes. Dans cet espace bien délimité et protégé, les quartiers résidentiels se développent, où les grands marchands, enrichis par l'intensification du commerce, font construire de somptueuses demeures. Les villes chinoises prennent dès lors l'aspect qu'elles ont conservé jusqu'à nos jours: villes du nord, carrées ou rectangulaires, aux rues se coupant à angle droit, avec, au centre, la tour du Tambour ou la tour de la Cloche, villages de plaine entourés de murs en terre; agglomérations du sud adossées aux montagnes ou en bordure de rivière, au plan moins strict que dans le nord, coupé de canaux et de voies

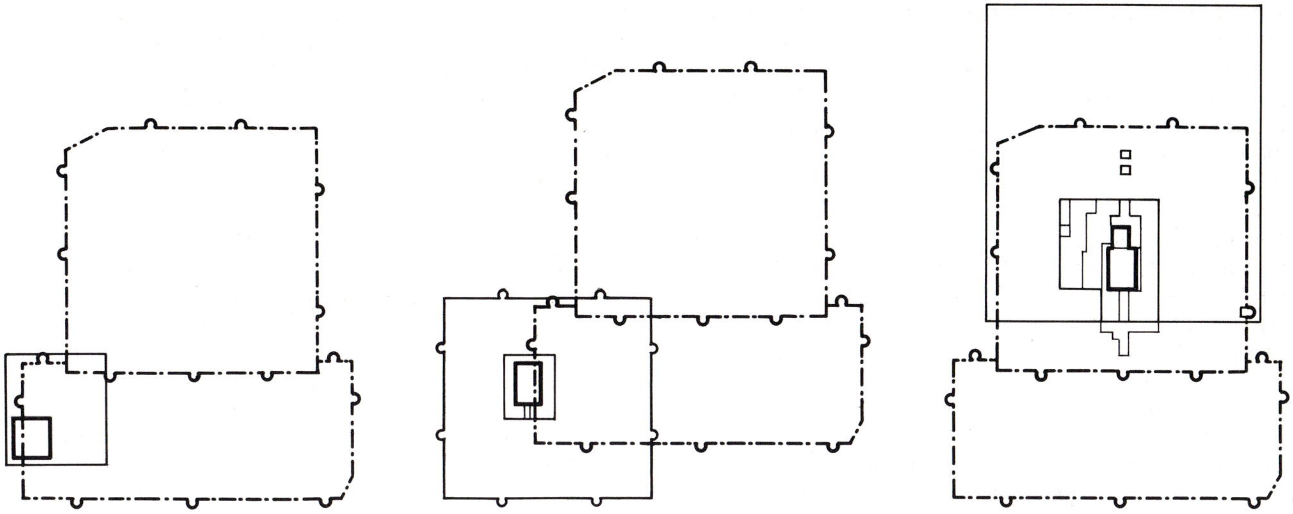

1 2 3

▲ Emplacements successifs des capitales Liao, Jin et Yuan sur le site de Pékin. En pointillé: Pékin des Ming et des Qing. En trait fort: l'emplacement des palais

1 capitale Yan jing des Liao
2 capitale Zhong du des Jin
3 capitale Dadu (Khanbalic) des Yuan

d'eau. Le paysage urbain du nord, comme l'écrivait le professeur O. Sirén, est un paysage de fortifications: «Des murs, et toujours des murs, voilà le squelette de toute agglomération chinoise. Des murs l'entourent, des murs la divisent, des murs la dominent de plus haut que tout autre construction... Une ville sans rempart, pour un Chinois, ne se conçoit guère plus qu'une maison sans toiture.» Ce qui devait être exact pour les villes Tang, l'est à coup sûr pour les cités postérieures au XIVe siècle, et en particulier pour Pékin qui contient dans son dessin tous les principes de la ville chinoise, et constitue en quelque sorte l'héritage de l'urbanisme en Chine.

Pékin avant les Mongols

La plaine de Pékin forme un diverticule de la grande plaine, dominé par un ensemble grandiose de montagnes (Yan shan au nord, et collines de l'ouest). Connue à l'époque des Royaumes Combattants sous le nom de Ji, et capitale du royaume de Yan, la ville, qui était établie dans l'angle nord-ouest de la ville extérieure actuelle, fut détruite par Qin Shi huang di, au IIIe siècle av. J.-C. Reconstruite au Ier siècle de notre ère, elle fut tenue tour à tour par les Chinois et par les Barbares selon qu'oscillait la puissance de l'empire dans les secteurs limitrophes de la Grande Muraille. En 936, elle est prise par les Liao qui en font leur capitale méridionale. La ville Liao englobe l'ancienne cité et s'étend vers l'ouest et le sud. Le plan est quadrangulaire, le palais, dans la partie sud-ouest de la ville, est entouré d'une double muraille. Succédant aux Liao, les empereurs Jin y résident à partir de 1125, agrandissent la cité vers l'est, et lui donnent le nom de Zhongdu ou Daxingfu.

Pékin à l'époque Yuan

En 1215, les Mongols conquièrent la ville et mettent le feu aux palais, qui brûlent pendant trente jours. Le site, en 1264, devient capitale de la Chine mongole, et Khoubilai y transfère sa résidence. Une nouvelle cité est fondée au nord de l'ancienne, elle sera nommée Dadu (la grande capitale) ou Khanbalic (la cité du Khan).

Etablie suivant le vieux principe chinois: «la cour impériale devant, le marché derrière», la ville occupe en gros un carré de 6 km E.-O. sur 7 km S.-N., correspondant à la ville intérieure de la Pékin des Ming et s'étendant un peu plus au nord. Elle est divisée en cité du palais, ville impériale et ville extérieure. Cette dernière comprend cinquante grands quartiers dont les demeures et les jardins de l'aristocratie occupent une bonne partie. Au nord-ouest de la ville sont situées les rues les plus commerçantes. Les murailles sont encore en terre et, en 1359, des ponts en bois sont placés au-dessus des fossés devant les onze entrées de la ville. A la même époque, des murs en U sont disposés devant ces portes, et des tours, vraisemblablement en briques, sont construites au-dessus de chaque porte et aux angles. Les rues, selon Marco Polo, sont particulièrement larges et droites, «toutes les parcelles de terrain sur lesquelles s'élèvent les maisons sont carrées et arpentées en lignes droites... chaque parcelle carrée est bordée de belles rues passagères, et ainsi la ville entière est arrangée en carrés comme un échiquier, et disposée de manière si parfaite et magistrale qu'il est impossible d'en donner une description qui rende justice à sa beauté». Au centre de la ville se dressent la tour du Tambour et la tour de la Cloche (construites en 1272). La cité impériale mongole, enfermée dans ses remparts, ne mesure pas moins de 9 à 10 km de tour; elle comprend les bureaux les plus importants du gouvernement, les plus belles propriétés de la noblesse, ainsi que des palais appartenant à la famille impériale, situés au bord des lacs à l'ouest.

Pékin sous les Ming et les Qing

En 1368, le premier empereur Ming change le nom de la ville nouvellement reconquise en Beiping fu (la paix du nord). La Cour Ming, d'abord installée à Nankin, promue au rang de capitale, ne se fixe à Pékin qu'au début du XVe siècle, à la suite de l'empereur Yong le qui y établit sa résidence en 1409. Malgré ce choix, Pékin sera considérée comme une capitale provisoire jusqu'en 1450 et Nankin restera pendant toute l'époque Ming une capitale fantôme. La Pékin des Ming fut édifiée à partir du plan Yuan, diminué de 2 km au nord, et agrandi de 500 m au sud (1419). Ainsi apparaît la physionomie de la double ville actuelle: à peu près carrée au nord (ville impériale ou intérieure des Ming et des Qing), rectangulaire au sud (ville extérieure).

Les murailles

Elles marquent l'approche de la ville par le rythme puissant de leurs lignes et de leurs masses. Pour la première fois la brique est utilisée pour les murailles; les vieux remparts de terre sur les côtés sud, est et ouest sont revêtus de briques, et le nouveau mur septentrional est construit. Les ponts en bois au-dessus des fossés sont remplacés par des ponts en pierre, chaque porte est munie d'une tour extérieure pour les archers et d'une tour intérieure pour les batteurs de tambour. Le Père Ricci décrit au début du XVIIe siècle les murailles de la ville: «Ces murs sont beaucoup plus élevés que n'ont coutume de l'être les nôtres d'Europe. Sur les murs, il y a toujours des soldats qui veillent comme si on se trouvait en temps de guerre, et, aux portes, des eunuques sont chargés de percevoir l'octroi.»

Le développement des remparts est de 23,55 km; leurs dimensions varient: mur nord: H. extérieure 11,92 m, H. intérieure 9,20 m, largeur au sommet 17,60 m, à la base 22,85 m; mur oriental (entre Dongzhi men et Qihua men): H. extérieure 11,10 m, H. intérieure 10,70 m, largeur au sommet 11,30 m, largeur à la base 16,90 m. Le parement de brique des murs comporte plusieurs épaisseurs pouvant atteindre sept ou huit couches; une plinthe en dalles de grès forme le pied du rempart dont l'inclinaison comme les dimensions varient: pour le mur nord, elle est de 3,50 m pour une hauteur de moins de 10 m, pour les autres, de 1,50 m à 2 m. Les bastions sont espacés de 200 en 200 m sur le mur nord, à des intervalles de 80 à 90 m sur les autres murs. Le sommet des remparts, pavé de grandes briques, est bordé d'un parapet sur la face intérieure et de créneaux sur la face extérieure. Le parapet présente 60 cm d'épaisseur et 80 à 90 cm de hauteur, tandis que les créneaux s'élèvent trois fois plus haut. Dans le plan du mur sont percées des ouvertures carrées de drainage.

La plupart des événements qui ont marqué l'histoire de Pékin, du XVe au XXe siècle, ont laissé leur empreinte sur ces murailles, que ce soient les guerres, les périodes de paix, les temps de misère ou de prospérité; aussi le mur actuel ne montre-t-il pas une structure homogène. Outre les différences de dimensions et d'apparence générale, les restaurations successives, dont les principales se succèdent de la fin du XVe siècle au début du XIXe siècle, apparaissent nettement. Inscrites au sommet de la muraille, avec la date, l'importance des réparations et les noms des fonctionnaires qui les ont supervisées, elles permettent de discerner quelques différences techniques entre la maçonnerie des Ming et celle des Qing.

Au XVIe siècle, un mur extérieur fut projeté, qui devait faire tout le tour de la ville et englober les faubourgs, mais ce plan trop ambitieux fut abandonné et l'on se contenta, en 1569, de construire la jonction entre les murs orientaux et occidentaux de la ville extérieure et le mur de la ville impériale.

Les portes

A travers elles circulaient et rayonnaient la vie et l'activité de la cité. Ces portes, qui étaient closes la nuit, se distribuent pour la ville impériale (appelée «ville tartare» par les Européens), de la façon suivante: trois portes au sud, deux au nord (qui ont toujours joué un rôle important dans la défense de la ville), deux à l'est (dont Dongzhi men par laquelle entrait l'approvisionnement en riz de la capitale), enfin, deux à l'ouest. Les portes de la ville extérieure (la «ville chinoise» des Occidentaux), au nombre de sept, sont plus petites mais obéissent au même plan.

La principale caractéristique des portes de la ville impériale réside dans leur double fortification: la tour intérieure, placée sur le mur de la ville, renforcé en bastion à cet endroit, se présente comme un grand pavillon avec trois toits successifs et des galeries ouvertes aux deux étages principaux. Des rampes d'accès mènent à sa terrasse.
La tour extérieure est un bâtiment de brique plein, aux murs inclinés, aux toits doubles, évoquant une forteresse. Ces portes, dont le système de défense devint inadéquat à partir de l'introduction des armes à feu, ont gardé, jusqu'à la fin du XIXe siècle, une grande importance en tant que barrières d'octroi. Actuellement, nombre d'entre elles ont perdu leur aspect originel: la tour extérieure a souvent été détruite et la tour intérieure reconstruite. Ainsi l'actuelle Qian men, ancienne Zhengyang men du mur méridional de la cité impériale, n'est plus qu'un vestige mutilé de la porte magnifique qui marquait la principale voie d'accès au cœur politique de la ville. La composition originale consistait en une très large enceinte en forme d'U entourant la cour de la porte, avec quatre ouvertures dans les quatre directions.
La porte du nord, sous la grande tour intérieure, faisait face à la porte extérieure du palais (Daqing men). La porte du sud, sous la tour extérieure, regardait l'axe sud-nord de la ville extérieure. Seul l'empereur empruntait cette porte, les simples mortels passaient par les accès latéraux est et ouest. La cour avait 108 m de long et 85 m de large, et était entourée d'un mur de 20 m d'épaisseur à sa base, formant un excellent poste de défense de la cité impériale. La République, pour faciliter la circulation dans Pékin, demanda à l'architecte allemand Rothkegel d'étudier le réaménagement de Qian men. Les travaux furent effectués en 1915-16: l'enceinte fut détruite et la cour devint un espace ouvert avec la tour extérieure à son extrémité sud. Cette tour, haute de 38 m, fut d'ailleurs restaurée dans un esprit tout à fait étranger à son style ancien.

Les quartiers

La ville est disposée selon un axe sud-nord qui, partant de la porte centrale du mur sud de la ville extérieure, s'étend sur 8 km jusqu'aux tours du Tambour et de la Cloche. Les rues ne sont en général pas pavées; celles des quartiers d'habitation sont séparées les unes des autres par un espace d'environ 77 m occupé par des maisons. Ces quartiers, toujours orientés selon les quatre points cardinaux, abritent des maisons cachées derrière des murs de brique grise, souvent badigeonnés en rouge, sans décor ni fenêtres. La monotonie de la rue chinoise, dans les quartiers résidentiels de Pékin, ne laisse ainsi rien deviner de la beauté des demeures qui se dissimulent derrière ces murs anonymes. Il en est autrement dans les quartiers commerçants (au sud de Qian men, par exemple), dont les maisons s'ouvrent sur la rue par des portes et des fenêtres treillissées. J.B. du Halde, dans sa description de l'empire de la Chine, écrivait en 1735: «On est étonné de voir la multitude innombrable de peuples qui remplissent ces rues, où il ne paraît aucune femme, et l'embarras que cause la quantité surprenante de chevaux, de mulets, d'ânes, de chameaux, de chariots, de chaises, sans compter divers pelotons de cent à deux cents hommes qui s'assemblent d'espace en espace pour écouter les diseurs de bonne aventure, les joueurs de gobelets, les chanteurs et d'autres qui lisent ou qui racontent quelques histoires propres à faire rire… ou bien des espèces de charlatans qui distribuent leurs remèdes et en exposent éloquemment les effets admirables. Les personnes qui ne sont pas du commun seraient arrêtées à tout moment, si elles n'étaient précédées d'un cavalier qui écarte la foule, en avertissant de faire place. C'est dans cette ville qu'arrivent continuellement toutes les richesses et les marchandises de l'empire. On se fait porter dans les rues en chaise, ou l'on y va à cheval. Les muletiers ont une connaissance parfaite des rues et des maisons où demeurent les grands et les principaux de la ville, on vend même un livre qui enseigne les quartiers, les places, les rues et la demeure de toutes les personnes publiques.» En plus des boutiques et des marchés, dans certains quartiers avaient lieu des foires saisonnières; c'est ainsi qu'à l'extérieur de Chongwen men (Hada men) se tenait, tous les 4, 14 et 24 de chaque mois, un marché aux fleurs. On y vendait surtout des fleurs en papier que les femmes piquaient dans leurs cheveux. C'était aussi un marché aux pigeons. Une autre foire réputée était celle de Liuli chang (à l'extérieur de Qian men) où se vendaient, les quinze premiers jours du premier mois, des jouets, des bijoux, des antiquités.

Dès le début des Ming, on construisait dans la partie principale de la ville un système d'égouts en brique pour l'évacuation des eaux de pluie et des eaux usées.

Tour du Tambour et tour de la Cloche

Le plus ancien bâtiment civil existant à Pékin est vraisemblablement la tour du Tambour, bastion massif en terre, revêtu de brique et percé de deux tunnels. La moitié supérieure est une construction à deux étages entourée d'une galerie ouverte et surmontée d'un double toit. Il est possible que cette structure monumentale soit l'ancienne tour Yuan, en partie restaurée et renouvelée en 1420. Elle présente plus de simplicité dans les détails de construction et une plus grande lourdeur dans les proportions que d'autres bâtiments du même type, par exemple les portes de la cité du palais, qui datent des Ming et des Qing.

La tour de la Cloche, qui date de 1745, remplace la tour érigée au début du XVe siècle un peu à l'ouest de celle des Yuan. Construit sur une haute plate-forme carrée en brique percée de deux passages voûtés se croisant au centre, l'édifice comprend deux étages, le second étant également percé de passages voûtés.

Essai de conclusion

Formuler des conclusions sur l'évolution de l'urbanisme chinois serait prématuré: trop de données manquent encore, surtout en ce qui concerne les classes commerçantes et le statut des artisans aux différentes époques. Les lettrés, exprimant en cela les vues officielles et le mépris du gouvernement pour le commerce, ont laissé peu de témoignages sur les activités non administratives et non culturelles des villes. De plus, les chroniques provinciales demeurent une mine souvent encore peu explorée qui permettrait de se faire une idée plus juste de l'évolution des villes secondaires et d'englober celles-ci dans une étude d'ensemble du phénomène urbain. Il semble cependant qu'un certain ralentissement de l'évolution se manifeste après les Song. Kaifeng et, plus encore, Hangzhou laissent entrevoir une possibilité d'éclatement des cellules sociales fermées, de libération du commerce urbain, comme une plus grande symbiose des différents éléments de la population citadine.

Avec les Ming, au contraire, les quartiers se referment, la surveillance se resserre, les ouvrages de fortification dominent, guildes et commerçants sont tenus en tutelle; les villes mercantiles des Song, elles-mêmes, se maintiennent sans se développer à partir du XIVe siècle. La ville, à l'intérieur de ses murailles, est réglée par ces deux garants de l'ordre que sont la hiérarchie et l'étiquette. L'architecture urbaine se fait de plus en plus le symbole d'une souveraineté impériale enfermée dans son palais (il serait intéressant d'étudier le rôle très important joué par les eunuques dans la police et l'administration urbaine). Ce trait s'accentue sous les Qing, dont l'œuvre d'urbanisme consistera surtout en restaurations des ouvrages antérieurs et en embelissements des seules résidences impériales. Le modernisme des villes Song semble s'étioler entre les murailles de Pékin, de même que la liberté des mœurs fait place, à partir des Ming, à un rigorisme officiel qui ne fera que s'intensifier jusqu'au XIXe siècle. Lors de l'entrée en scène des Européens, ces villes closes de l'intérieur se trouveront «dépaysées», et la concentration tant démographique qu'économique se portera sur les villes côtières (Changhai, Canton) qui, centrées autour des concessions étrangères, des industries naissantes et des apports intellectuels occidentaux, seront tout à la fois en Chine et hors de Chine.

Les travaux publics

La Grande Muraille

A l'époque des Royaumes Combattants, les Etats du nord de la Chine avaient fait édifier de longs remparts pour se défendre contre les incursions des Barbares. Amorce de la Grande Muraille, ces murs de terre et de cailloutis, renforcés par endroits de blocs de pierre furent réunis par Qin Shi huang di en une muraille face aux attaques des Xiongnu, travail qui fut exécuté par tout un peuple de condamnés. Des Han aux Sui, le mur continua d'être entretenu et de nouveaux tronçons furent construits. Sous Wen di des Sui, 30000 hommes furent employés à rebâtir ou réparer la Muraille en 585, 150000 hommes l'année suivante. Sous Yang di, un million d'hommes furent envoyés aux marches septentrionales en 607, 200000 en 608. Mais cette ligne de démarcation entre le monde chinois et le monde barbare perdit de son importance stratégique du VIIe à la fin du XIVe siècle. Lorsque les Ming eurent refoulé les Mongols, leur premier souci fut de reconstruire la muraille pour parer à toute récidive des envahisseurs. Ce nouveau rempart, commencé dès 1368, achevé vers 1500, et restauré au XVIe siècle, passe au sud de l'ancien. Il s'étend sur 12700 km, du fleuve Yalu à l'est jusqu'à la passe de Jiayu guan au Gansu.

La disposition de la muraille varie beaucoup d'un secteur à l'autre, en fonction de la nature du terrain (elle est située, à son point le plus bas, à 2,50 m sous le niveau de la mer, et culmine à 3000 m d'altitude), du matériau disponible et des restaurations successives. Le secteur oriental de la muraille, à une cinquantaine de kilomètres au nord de Pékin, est un magnifique exemple d'architecture Ming, et s'apparente aux plus beaux remparts des grandes villes de la Chine du Nord. Le mur (7 à 8 m de hauteur moyenne) est fait d'un revêtement de pierres de taille renfermant un blocage de terre et de cailloux. Le sommet, bordé de parapets, est pavé de plusieurs couches de briques soigneusement jointoyées afin d'éviter les infiltrations d'eau. Les parois présentent un fruit très marqué, avec une largeur de 6,50 m à la base et de 5,80 m au sommet, fruit qui se retrouve sur les murs en terre damée de la Chine du Nord-Ouest et en accroît la solidité. Les créneaux qui bordent le sommet atteignent presque 1,50 m de haut. De loin en loin sont espacées des portes voûtées, des rampes d'accès et des tours de garde (la muraille en comportait 20000 à l'époque Ming) qui s'élèvent de 3,50 ou 4 m au-dessus du rempart proprement dit. Les portes principales, situées dans des passes d'un accès difficile, étaient puissamment fortifiées. Enfin, à certains endroits d'une grande importance stratégique, on comptait jusqu'à neuf murailles successives.

Aucun autre pays n'a conçu et encore moins réalisé une construction d'un tel développement et d'une telle valeur défensive; mais cet aspect de fortification a souvent fait négliger le rôle de voie de communication qu'a joué la Grande Muraille, dont le chemin de ronde, sur une grande partie de son parcours, est assez large pour que cinq chevaux y circulent de front.

Les ponts

Le développement de la construction des ponts, en Chine, est lié à la diversité géographique du pays: ponts suspendus au-dessus des torrents dans les régions montagneuses, ponts rectilignes à tablier de dalles de pierre en Chine du Nord, permettant aux charrois de les franchir facilement, ponts voûtés de la Chine du Sud, laissant passer la navigation fluviale. Ce développement est aussi lié à l'importance et à l'ancienneté des routes carrossables en Chine du Nord, droites comme leurs sœurs romaines, ainsi qu'aux immenses travaux d'hydraulique fluviale nécessités par les menaces du fleuve Jaune au nord, de la rivière Min à l'ouest, et du Yangzi au centre, pour ne citer que trois des plus importantes voies d'eau.

Les ponts chinois appartiennent à cinq types: pont flottant (fait de bateaux ou de radeaux reliés par des cordes) d'usage temporaire et saisonnier, pont suspendu dont les câbles sont ici en corde, en fibre de bambou ou en fer (à partir du VIe siècle de notre ère), pont à poutraison, pont sur consoles et pont en voûte.

Les ponts à poutraison

C'est le mode de construction qui semble avoir été le plus fréquemment adopté sous les Han. Les ponts de cette époque, représentés sur des briques estampées, comportent souvent un plan incliné d'environ 45° aux deux extrémités. Mais la hauteur de ces ponts à poutraison de pierre ou de bois permet rarement à de gros bateaux de passer; de plus, leurs piles intermédiaires gênent la circulation sous le pont. Un certain nombre de ponts de ce type furent construits au Fujian, à l'époque Song, à une échelle inconnue du reste du monde. Le plus célèbre est le Luoyang qiao à Quanzhou, la Zayton de Marco Polo, qui était au XIIIe siècle un port en plein essor et le centre du commerce étranger. Les piles de ce pont, construit entre 1053 et 1059, sont faites de la superposition d'énormes blocs de granit, et ses traverses sont de véritables mégalithes. Une petite île sépare le pont en deux parties: la partie nord comprend 41 piles, la partie sud sept; sa longueur totale est de 540 m et chacune des 47 travées est composée de sept traverses de onze mètres de long et 50 à 60 cm de côté. La proximité de la mer et les hautes marées ont dû rendre la réalisation de ce pont colossal extrêmement difficile.

Les ponts sur consoles, en bois ou en pierre

Un tablier de madriers transversaux est en général posé sur des longrines en bois qui forment la ferme du pont, tandis qu'un parapet horizontal court de chaque côté, soutenu à

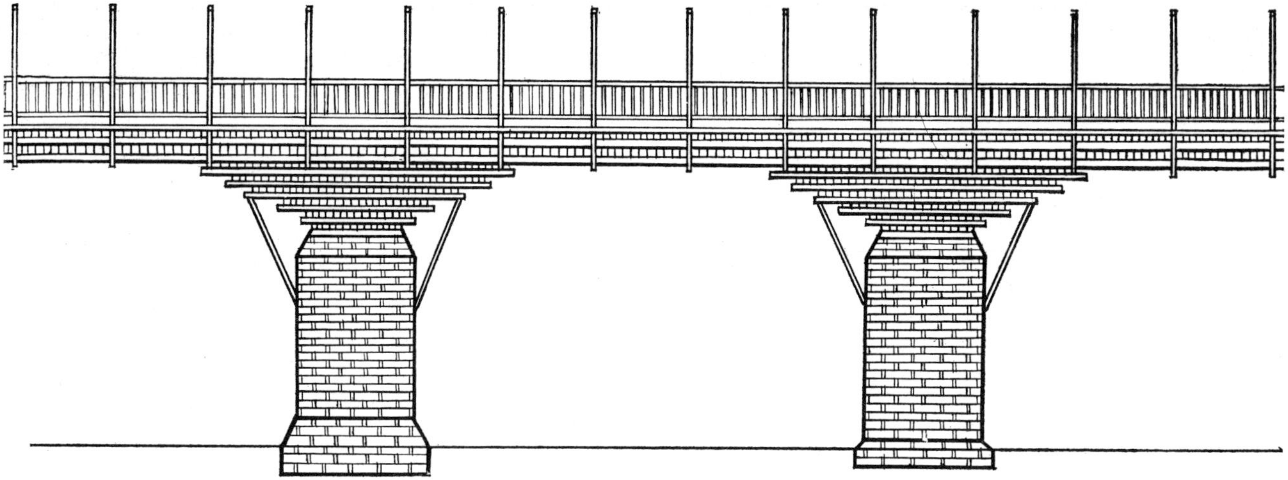

▲ Une partie du pont sur consoles de Liling, au Hunan, d'après Willetts, «L'art de la Chine»

intervalles par des poteaux verticaux. Les piles peuvent être en maçonnerie, comme c'est le cas du célèbre pont de Liling, au Hunan. Les cinq gradins d'encorbellement sont encore renforcés par deux poutres obliques reliant le quatrième gradin d'encorbellement à la pile du pont en maçonnerie. Dans certains cas, le pont comporte une seule poutre centrale soutenue par un système de consoles à ses deux extrémités. Les culées sont ici en encorbellement et portent le tablier du pont.

Les ponts en voûte

Point culminant de la construction des ponts en Chine, la voûte est le plus souvent un berceau en plein cintre, parfois en arc brisé, plus rarement en arc surbaissé. La disposition des arcs de la voûte peut se faire de trois manières différentes:
1. dans le premier cas on élève chaque rang courbe de claveaux isolément. Il n'y a aucune liaison entre les différents arcs accolés formant la voûte. Ce système, employé pour le pont de Zhaoxian, a l'avantage d'éviter, lors de l'écroulement d'une partie du pont, l'effondrement total, et la réparation en est facilitée. L'inconvénient est le manque de liaison des arcs entre eux.
2. on élève la voûte en dressant les claveaux en assises de même hauteur depuis le sommier jusqu'à la clef de voûte.

▼ Différentes manières de disposer les arcs de la voûte dans la construction des ponts:

a on élève chaque rang de claveaux isolément
b on dresse les claveaux en assises de même hauteur du sommier à la clé de voûte
c on place entre les assises de claveaux des boutisses qui lient les courbes

a

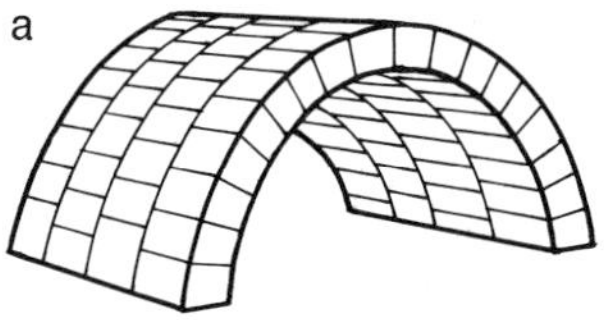

b

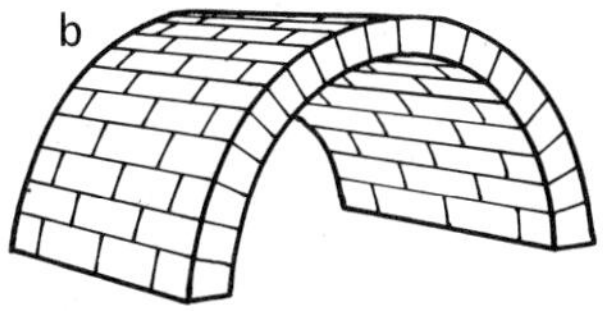

c

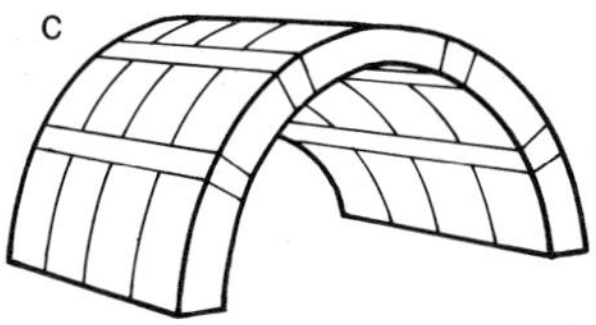

3. entre les assises de claveaux est placée une boutisse qui traverse la voûte dans sa profondeur et lie les différents rangs courbes de claveaux. Cette troisième solution, surtout employée à l'époque Ming et Qing, allie la commodité de la première disposition à la solidité de la seconde.

Le plus ancien pont en voûte encore existant est le Anji qiao à Zhaoxian, dans la province du Hebei. Construit sous les Sui, par Li Chun, en 606-618, il constitue en même temps le premier grand pont à arc surbaissé en Chine et dans le monde. La structure en est très moderne: une seule arche surbaissée, de 37,47 m d'ouverture pour une flèche de 7,24 m, porte sur chaque côté deux petites arches d'épaulement et de décharge destinées à soulager la grande arche, à offrir un débouché supplémentaire à la rivière en cas de crue, et à alléger la construction. La largeur du pont est de 9,60 m (9,20 m au centre); la chaussée est bordée, de chaque côté, par une balustrade en pierre sculptée. Ce pont exerça une très grande influence sur le développement des ponts en voûte à l'époque des Sui et des Tang; elle est nette sur le pont Jimei, à Zhaoxian également, qui compte cinq arches (trois petites et deux grandes). Edifié en un temps où la réunification de l'empire nécessitait d'immenses travaux pour améliorer les voies de communication, le Anji qiao s'adaptait parfaitement aux exigences de la Chine du Nord, pays de plaine où les transports se font surtout par terre.

Parmi les autres ponts célèbres subsistant, signalons le Baodai qiao, au sud-ouest de Suzhou (Jiangsu), long de plus de 100 m et comprenant 53 arches, et le Lugou qiao,

▼ Un pont en arc-en-ciel de la capitale Kaifeng à l'époque des Song du Nord, d'après le rouleau «Qing ming shang he tu»

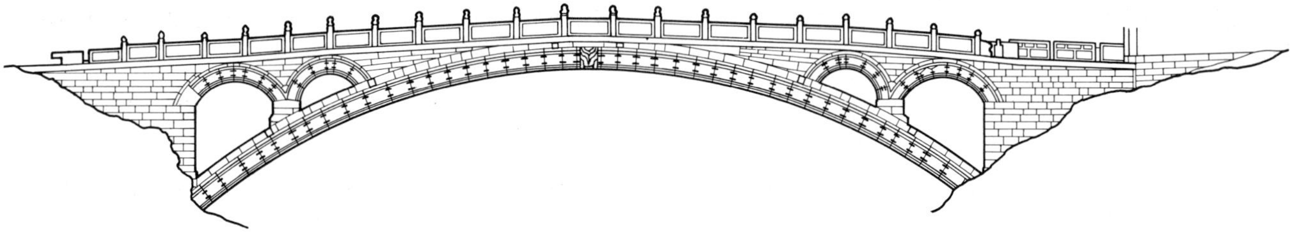

▲ Le Anji qiao, pont en voûte à Zhaoxian (Hebei) construit entre 606 et 618

au sud-ouest de Pékin, appelé Pont de Marco Polo par les Européens. Construit par les Jin de 1189 à 1192, l'ouvrage est long de 235 mètres et large de 8 mètres; ses onze arches ont une ouverture variant de 16 mètres près de la rive à 21,60 m au centre du pont. La balustrade est ornée, de chaque côté, de 140 colonnettes surmontées de lions de marbre. Avant d'être restauré en 1444 sous les Ming, puis en 1698, le pont fut décrit par Marco Polo qui le vit lors de son séjour à Khanbalic (Pékin), à la fin du XIIIe siècle: «Sur ce fleuve est un très beau pont de pierre, dont il y en a peu d'aussi beaux. Il est long de bien 300 pas, et il en a bien huit de large, car bien dix hommes à cheval peuvent y passer de front... il est tout de marbre bis, très bien construit et assis. Il y a de chaque côté du pont un mur de tables de marbre et de colonnes ainsi fait: en tête du pont est une colonne de marbre soutenue par un lion de marbre, et au faîte de cette colonne est un autre lion de marbre, lesquels lions sont très beaux, grands et taillés subtilement, et à un pas de cette colonne, il y a une autre colonne toute pareille à la première...»

Les ponts à charpente en bois formant une arche sans support comptent parmi les réalisations chinoises les plus réussies en ce domaine. La capitale Kaifeng, à l'époque des Song du Nord, comptait trois de ces ponts souvent appelés par les Chinois «ponts en arc-en-ciel». L'un d'eux, qui se trouvait à sept li hors de la porte Dongshui, est reproduit sur un rouleau célèbre conservé au musée du Palais Impérial de Pékin et intitulé «Vue du fleuve le jour de la fête Qing ming («Qing ming shang he tu»). Le pont, d'un écartement d'environ vingt mètres, est fait de cinq cintres s'étayant l'un l'autre, chaque cintre reposant sur deux poutres transversales qui reposent à leur tour sur deux autres cintres. Cette sorte de pont à arche en segments se compose donc de deux systèmes de cintres reposant à leurs extrémités sur des poutres transversales. Celles-ci, qui supportent un système de cintres, prennent appui à leur tour sur les cintres de l'autre système; elles jouent un double rôle de lien et de soutien, et servent en outre à répartir les charges.

Légendes

Pékin: la «Cité interdite»

61 Cour entre Taihe men et la terrasse portant les trois grands bâtiments d'honneur (Taihe dian, Zhonghe dian et Baohe dian) de la partie officielle du Palais Impérial de Pékin.

62–63 Le Palais Impérial: les trois portes d'accès et la cour devant la terrasse du Taihe dian. A noter le double toit à demi-croupe de la porte centrale, Taihe men.

64 Le Taihe dian (pavillon de l'harmonie suprême), sur la terrasse de marbre blanc à trois gradins qui porte, selon l'axe sud-nord les trois grands pavillons.

65 Escaliers d'accès au Zhonghe dian (pavillon de l'harmonie du milieu); à gauche, le Baohe dian (pavillon de l'harmonie protectrice), dernier des trois grands pavillons de la partie officielle du palais.

66–67 Escaliers et balustrades en marbre de la terrasse à trois gradins dans la partie officielle du Palais Impérial.

68 Palais Impérial de Pékin: partie officielle, escalier d'accès au Zhonghe dian.

69 Détail d'une terrasse de marbre blanc du Palais Impérial.

70 Toits de pavillons au Palais Impérial; se profilant sur le ciel, les «chiwei» ornant les extrémités du faîtage et les «kuilongzi», silhouettes humaines et animales alignées sur les arêtes du toit à demi-croupe.

71 Enfilade de cours et de galeries dans la partie privée du Palais Impérial.

72 Palais Impérial de Pékin, partie officielle: la rivière des Eaux d'Or (Jinshui he), dans la cour qui sépare Wu men de Taihe men. Au premier plan, la balustrade de l'un des cinq ponts qui franchissent la rivière.

73 La rivière des Eaux d'Or au Palais Impérial.

74 Passage couvert dans la «Cité interdite». Les peintures du plafond de cette galerie sont un exemple des décors Qing.

75 Cour entourée de pavillons dans la partie des appartements privés du palais.

76 Face sud de Wu men, l'entrée méridionale du palais, avec le départ de l'aile est.

77 Portes au «palais de la tranquillité et de la longévité» dans l'angle nord-est du Palais Impérial.

Pékin: le temple du Ciel

78 Vue générale du temple du Ciel à Pékin. Sur l'axe médian, du sud au nord, l'autel du Ciel, le Huangqiongyu, le Qinian dian.

79 Le Qinian dian (salle de la prière pour les bonnes récoltes), sur ses trois terrasses de marbre blanc, au centre d'une cour carrée qui s'ouvre au sud par la porte Qinian. Derrière le Qinian dian, en contrebas, se dresse le Huangqian dian. Au-delà, l'arrondi septentrional des murailles intérieure et extérieure.

80 Le Qinian dian, escalier central sud accédant à l'édifice. Construit en 1420 sur plan circulaire, le Qinian dian a 30 m de diamètre. Les trois rangées de colonnes qui, à l'intérieur, soutiennent la triple toiture symbolisent successivement les douze mois, les douze heures du jour et les quatre saisons de l'année.

81 Temple du Ciel à Pékin: porte aux toits couverts, comme tous les bâtiments du Temple du Ciel, de tuiles vernissées bleues.

82 Chacune des deux enceintes (l'une circulaire, l'autre carrée) qui entourent l'autel du Ciel est percée, à chaque orient, de trois portiques de marbre blanc. Ici, les portiques du côté nord vers l'enceinte du Huangqiongyu. Au fond, les toits du Qinian dian. Au premier plan, les terrasses de l'autel du Ciel.

83 Portiques des enceintes autour de l'autel du Ciel. Ces portiques, comme les «pailou» qui annoncent les tombeaux impériaux, se composent de piedroits pourvus, à leur sommet, d'appendices en forme d'ailes ornées de motifs de nuages.

84 Le Huangqiongyu du temple du Ciel. Ce petit édifice, élevé en 1530 sur une simple terrasse de marbre blanc, a 19,50 m de haut et 15,60 m de diamètre.

Plans ▶

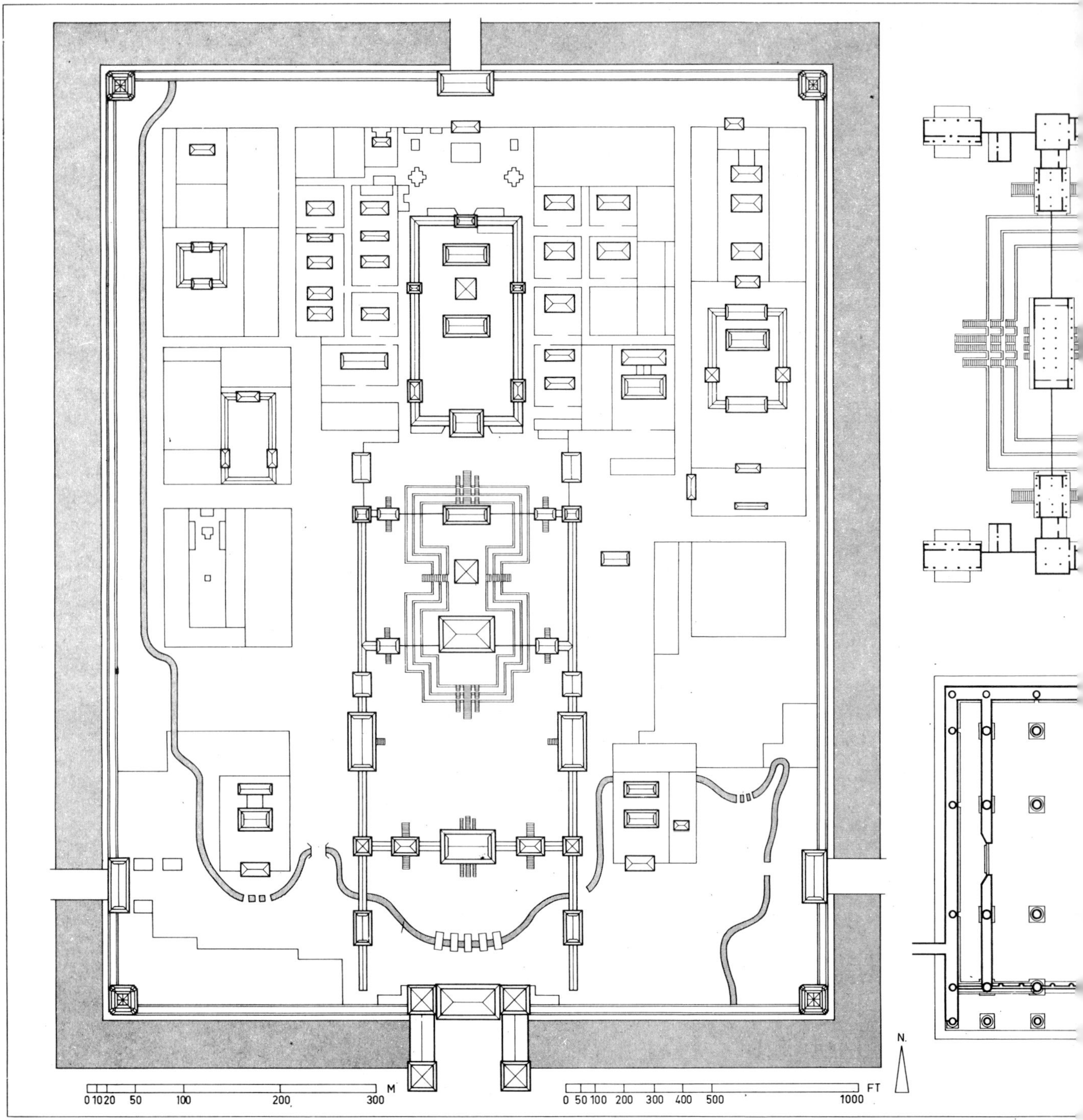
0 10 20 50 100 200 300 M
0 50 100 200 300 400 500 1000 FT
N.

Interdite, Pékin: plan 1:6000; plan de la partie officielle du Palais Impérial 1:3000; plan et coupe du Taihe dian 1:600

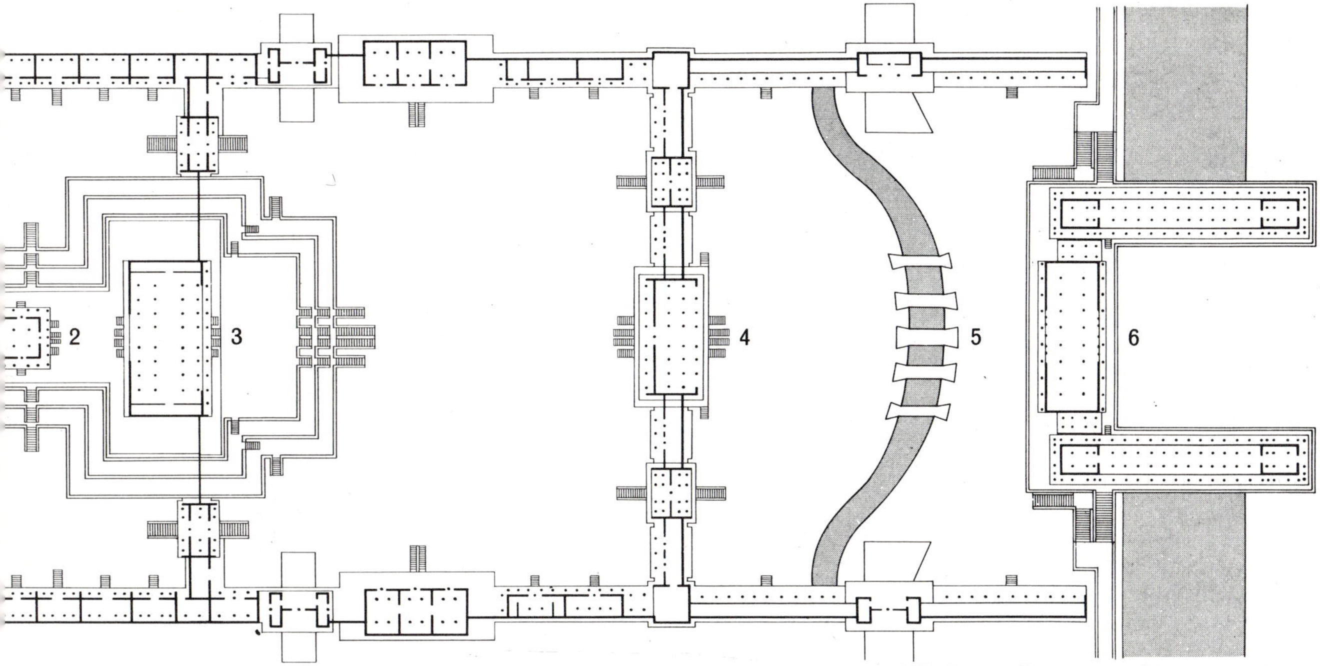

1 Baohe dian
2 Zhonge dian
3 Taihe dian
4 Taihe men
5 Pont de la rivière des Eaux d'Or
6 Wu men

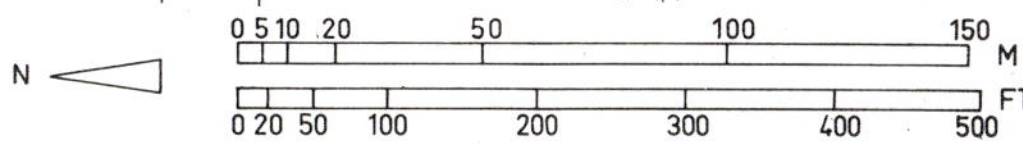

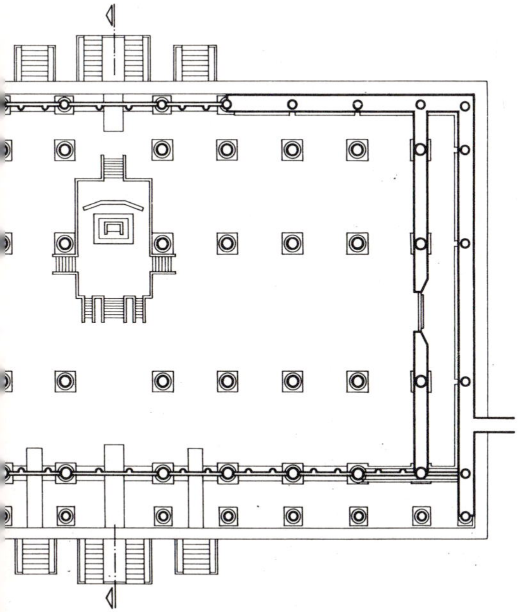

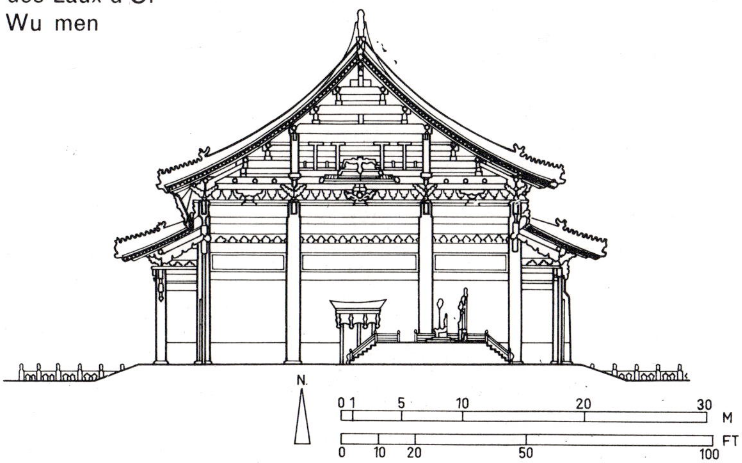

Notices

Le traité d'architecture de Li Mingzhong

Dès l'antiquité, l'architecture fut en Chine réglementée officiellement et des fonctionnaires furent chargés de diriger les constructions. Ils avaient à leur disposition des documents d'archives auxquels ils se référaient au cours des travaux. Nous ne savons malheureusement presque rien des règlements antérieurs aux Song, que le grand traité du XIIe siècle, le «Ying zao fa shi», était destiné à remplacer. Cet ouvrage constitue, avec les fragments subsistants du «Mu jing», traité de charpentier dû à Yu Hao (début des Song), la source la plus importante que nous possédions pour l'architecture de cette époque.

Le «Ying zao fa shi» de Li Mingzhong

Son auteur, Li Jie (appellation: Mingzhong), originaire de Zhengzhou (Henan), fut toute sa vie un fonctionnaire subalterne, et termina sa carrière comme sous-inspecteur de la Direction des ouvrages, avant de mourir en 1110. Il semble avoir été également calligraphe de talent, peintre et bibliophile. Mais son titre de gloire demeure la rédaction du «Ying zao fa shi» qu'il présenta au trône en 1100. Cette somme de la tradition architecturale et des techniques de construction, publiée en 1103, comprend 34 chapitres.

Après une étude des termes techniques (chapitres 1–2), les chapitres 3 à 15, formant la partie principale de l'ouvrage, contiennent les règlements sur les procédés de construction, de décoration, de fabrication, sur les dimensions et les quantités proportionnelles des divers éléments architecturaux. Cette partie comprend les sections suivantes:
- règlements sur les fossés, les palissades, les fondations et les murs
- règlements sur le travail de la pierre (ch.3)
- règlements sur les constructions en bois, c'est-à-dire sur la charpente (ch.4–5)
- règlements sur les petits ouvrages en bois, c'est-à-dire les portes, fenêtres, cloisons, escaliers (ch.6–11)
- règlements sur les sculptures et les gravures sur bois (ch.12)
- règlements sur les ouvrages de couverture en terre-cuite, les tuiles, le mortier et la construction des fours (ch.13)
- règlements sur la décoration peinte (ch.14), sur les ouvrages en briques et en tuiles vernissées (ch.15)

Les chapitres 16 à 28 concernent les normes du travail, la détermination des tâches et la classification des ouvrages selon ces normes. Le travail, en effet, n'était pas évalué en unités de temps, mais à la tâche. Ainsi 60 livres de terre sèche constituent une «charge» et le transport d'une «charge» à une distance donnée aller et retour, une «tâche». Certaines catégories d'ouvrages sont définies par le nombre de «tâches» qu'elles comportent, classification qui avait pour but de faciliter la règlementation du travail. Les chapitres 29 à 34, enfin, contiennent les illustrations.

La valeur historique du Ying zao fa shi

Les planches et presque toutes les copies de la première impression du Ying zao fa shi (1103) disparurent lors du pillage de Kaifeng en 1126. Sous les Song du Sud, en 1145, une seconde édition de l'ouvrage fut imprimée à Suzhou; il n'en subsiste aucune copie originale. Une version retranscrite, copiée en 1821, fut reproduite en photolithographie en 1920 (Commercial Press, Changhai). D'autre part, on découvrit en 1918, à la Bibliothèque Nationale de Pékin, un folio et demi qui est présumé appartenir à l'édition de 1103; cette version fut publiée en 1925.

Cet ouvrage très précieux reste d'une utilisation délicate. La difficulté de son texte, qui n'a encore jamais été traduit, la fidélité relative de certaines de ses illustrations constituent de sérieux obstacles. Les dessins de motifs décoratifs, en particulier, semblent avoir été déformés par les copistes successifs qui ne purent s'empêcher d'interpréter l'original en le mettant au goût du jour.

Il demeure cependant que ce traité servit de modèle aux ouvrages ultérieurs, comme le «Gong cheng zuo fa zi li», publié en 1734, et qu'il nous éclaire, par ses instructions à l'usage des charpentiers, des maçons et des décorateurs, sur la condition et le rôle de l'architecte chinois au XIIe siècle. Il ne lui était pas demandé de créer des dessins originaux, mais de résoudre de difficiles problèmes techniques.

Maître-d'œuvre rompu aux problèmes de sélection, de proportion et d'utilisation des matériaux, capable de surveiller la construction d'un bâtiment jusque dans ses plus petits détails, ne fut-il que cela? Il semble trop tôt pour en décider; aucun travail de synthèse n'a encore été entrepris sur les biographies d'architectes, ni sur le rôle précis que certains d'entre eux ont joué dans l'évolution de l'architecture officielle.

© Graf zu Castell

歷史博物館

© Graf zu Castell

© Graf zu Castell

Temple du Ciel, Pékin: plan 1:12 000

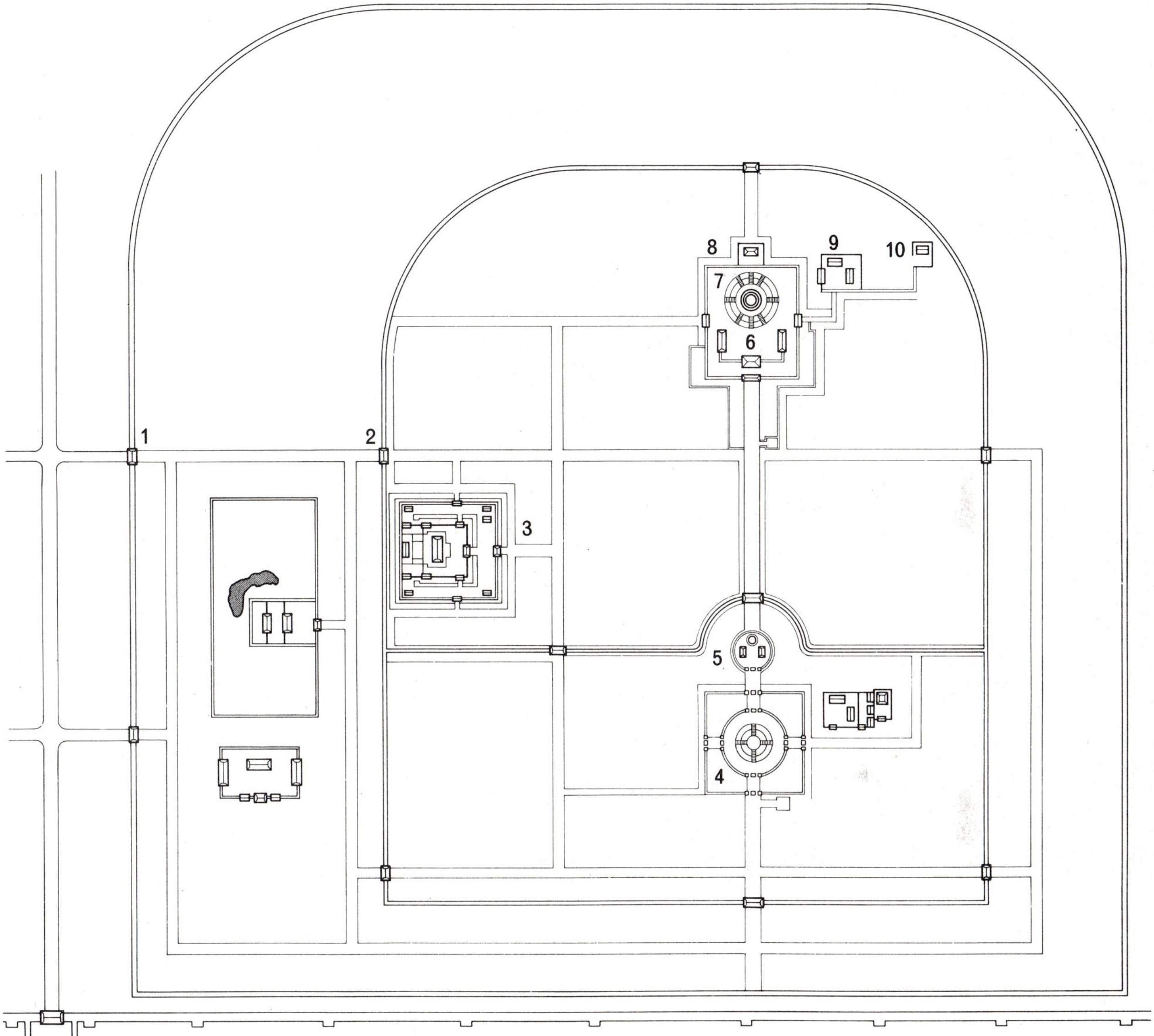

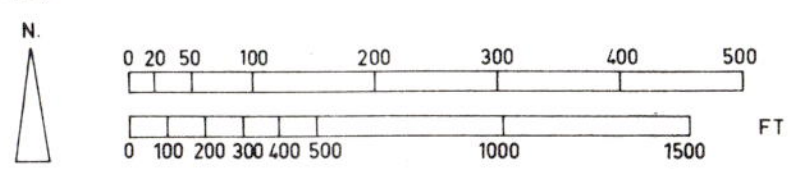

1 porte principale extérieure
2 porte principale intérieure
3 Zhai gong
4 l'autel du Ciel
5 Huangqiongyu
6 porte Qinian
7 Qinian dian
8 Huangqian dian
9–10 annexes: cuisines, abattoirs

Temple de Guanyin (Dule si), Jixian (Hebei): coupe 1:150
Edifice datant de 984

3. Palais et Temples impériaux

Le palais impérial a toujours constitué en Chine une véritable cité à l'intérieur de la capitale. L'empereur y vivait le plus souvent à l'écart du monde, au milieu des femmes, des eunuques et des quelques rares courtisans qui avaient leurs entrées auprès de lui en dehors des conseils du gouvernement et des cérémonies officielles.

Avant d'aborder la description de quelques-uns de ces palais, il nous semble utile de préciser les différents éléments qui composent un édifice chinois et les grandes lignes de sa construction; ces notions s'appliquant, comme nous le verrons, aux palais, aux temples, comme aux demeures particulières.

Les différentes parties de l'édifice

1. La terrasse et les balustrades

Tout édifice en Chine s'élève sur une terrasse à revêtement de brique ou de pierre. L'usage de construire toujours sur un soubassement, dû peut-être à la nécessité de mettre les structures en bois à l'abri des intempéries, remonte au moins à l'époque Shang, dont les plus grandes terrasses en terre damée dépassent 1000 m^2; à l'époque des Royaumes Combattants, on compte pour la seule ville de Yanxia (Hebei), plus de vingt grandes plates-formes, la plus vaste ayant une superficie de 15000 m^2 et une hauteur de 20 m. Ces plates-formes, originellement à gradins, portaient des constructions en bois sur chaque gradin.

Les terrasses de palais que l'on peut voir actuellement en Chine du Nord datent pour la plupart des époques Ming ou Qing. Les plus imposantes, en marbre blanc, appartiennent aux ensembles impériaux de Pékin: la Cité Interdite, le temple du Ciel, les tombeaux des Ming. Leur ordonnance soutient par sa masse éclatante les édifices en bois et, par sa blancheur, fait ressortir leur polychromie.

On accède ordinairement à ces terrasses par une rampe ou par des escaliers dont les longues obliques font valoir l'horizontalité. Des balustrades, en marbre blanc à Pékin, mais qui peuvent être aussi en brique ou en bois, bordent escaliers et terrasses. Le type de balustrade en pierre le plus répandu comporte de robustes colonnettes à fût carré ou hexagonal, légèrement plus hautes que la main-courante et surmontées d'un motif sculpté, en général un petit lion assis sur une fleur de lotus. Les intervalles sont garnis de plaques décorées. Lorsqu'elles sont en bois, les balustrades

▲ Reconstitution d'une maison shang à Anyang (XIVe–XIe siècle av. J.-C.) montrant la construction sur terrasse, avec colonnes portant la toiture, d'après Shih Chang-ju, Annals, Academia Sinica N° 1 (1954)

sont également partagées en panneaux ajourés de motifs géométriques, dont l'effet décoratif tient à la répétition rythmique et symétrique de figures simples.

2. Les colonnes

Ce sont les colonnes et non les murs qui portent l'édifice. La surface de celui-ci est mesurée en entrecolonnements, l'entrecolonnement étant l'espace délimité par quatre colonnes. Ces colonnes se présentent en bois ou en pierre, rondes (lisses ou cannelées), octogonales, carrées, sculptées de motifs de dragons, ou en forme de quatre-feuilles. Elles reposent sur une base, généralement en pierre, mais parfois en bois. Si les bases de piliers, à l'époque Shang, sont des pierres plates ou des disques de bronze, elles adoptent par la suite les formes les plus variées, du tambour au socle sculpté de pétales de lotus, en passant par le carré et l'octogone.

a) Dimensions des colonnes

Large et robuste sous les Tang, la colonne évolue jusqu'à prendre des proportions élancées sous les Ming et les Qing. L'impression de stabilité qui se dégage des structures Tang tient non seulement au diamètre des piliers, mais au fait que leur hauteur et leur écartement égaux forment un espace carré. De plus, les colonnes intérieures et celles de la galerie extérieure sont de même hauteur. Sous les Tang et au début de l'époque Liao, le rapport du diamètre de la colonne à sa hauteur est de 1 à 8, ou de 1 à 9. Les colonnes extérieures conserveront ce module robuste sous les Song et les Jin, tandis que les colonnes intérieures se font plus minces, plus élevées, et que leur hauteur va croissant depuis le centre de la salle jusqu'aux deux côtés, selon un procédé qui deviendra rare après le XIVe siècle. A partir des Yuan, les proportions diamètre-hauteur varient entre 1 à 9 et 1 à 11 m. Pour accroître le diamètre des colonnes, les Song utilisent un système d'assemblage, dans lequel les colonnes sont faites de deux, trois ou quatre morceaux. Dans le même esprit les Qing ont recours au placage de grosses planches de bois autour d'une colonne mince.

b) Inclinaison des colonnes

Les colonnes, en Chine, ne sont jamais droites, mais légèrement inclinées vers l'intérieur. Cette inclinaison, qui peut atteindre 2,9% de la hauteur, deviendra très faible à partir du XVe siècle.

c) Disposition des colonnes

Le nombre minimum des colonnes d'un édifice est naturellement de quatre, une à chaque angle; les grandes salles comportent souvent deux rangées longitudinales de colonnes qui divisent l'intérieur de la salle en trois travées sur la profondeur. Il est fréquent de trouver une colonnade supplémentaire à l'extérieur, formant un portique ouvert sur la façade, si ce n'est tout autour, et rattaché aux piliers de la paroi par des poutrelles de raccord transversales. La profondeur d'une salle étant fonction de la longueur des poutres qui supportent sa couverture, le bâtiment chinois est habituellement longitudinal et non transversal; cependant, pour obtenir une plus grande profondeur, on multipliait les colonnades longitudinales. Un procédé destiné à agrandir la surface intérieure disponible apparaît vers le milieu de l'époque Liao, se développe sous les Jin et les Yuan, mais disparaît sous les Ming et les Qing, sauf pour les petits bâtiments. Il consiste à réduire le nombre des colonnes intérieures, et est employé, par exemple, au pavillon Wenshu du Foguang si, au Wutai shan, daté de 1137.

Les colonnes chinoises ne comportent pas de chapiteau, mais un système de consoles rayonnant, en principe, dans les quatre directions et supportant les poutres. Celles-ci peuvent être également mortaisées dans les colonnes ou les traverser de part en part.

3. La charpente

La charpente en bois avec poutres et colonnes, qui constitue l'apport le plus original, peut-être, de la construction chinoise, apparaît déjà sous sa forme accomplie à l'époque Han. L'assemblage des différents éléments se fait à tenon et mortaise, et ceci dès l'époque des Royaumes Combattants Les poutres, au cours de l'évolution historique, deviennent de plus en plus épaisses: sous les Tang, le rapport de leur diamètre à leur hauteur est de 1 à 2, sous les Song de 2 à 3, et la progression continue pour arriver sous les Qing à la règle de 4 à 5 ou de 5 à 6. Ces poutres de grand diamètre sont souvent formées, sous les Yuan, de deux pièces accolées de même longueur. Plus tard, sous les Qing, on utilisera le placage sur les poutres comme sur les colonnes.

Dans l'ensemble, l'architecture chinoise tend toujours à conserver la charpente du pavillon rectangulaire, jusque dans ses édifices ronds ou polygonaux. Le contour extérieur et la toiture peuvent être circulaires comme c'est le cas au Dazhong si, au nord de Pékin, mais la construction reste toujours basée sur un carré.

La liaison des différents éléments de cette charpente s'est faite, et ceci depuis les Tang jusqu'aux Qing, à l'aide, soit de consoles, soit de «tuofeng», blocs de bois de forme ornementale qui servent à répartir le poids de façon égale

▼ Charpente et ferme réalisées par empilage dans une habitation traditionnelle chinoise, d'après Willetts, «L'art de la Chine»

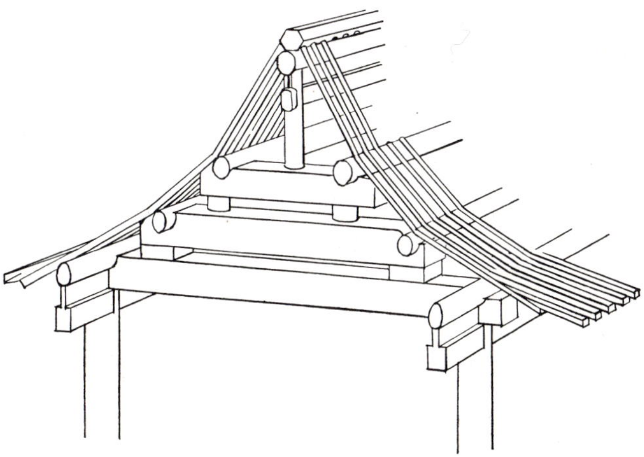

sur la poutre. Cet élément, qui apparaît pour la première fois dans les grottes bouddhiques de l'époque des Six Dynasties, sous la forme d'un V renversé, se transforme à l'époque Tang (par exemple sur le linteau du Dayan ta) en un motif curviligne presque purement décoratif.

a) La ferme de comble

Dans la charpente chinoise, les poutres se présentent en progression de longueur décroissante au fur et à mesure que s'élève le bâtiment; chaque traverse maîtresse porte une paire de faux poinçons destinés à porter une nouvelle traverse plus courte. Sur les poinçons et sur l'extrémité des poutres de chaque étage, reposent les pannes qui portent les chevrons.

Dans l'assemblage qui, au sommet, constitue la ferme de comble, la méthode chinoise de construction diffère totalement de celle de l'Occident. Dans la ferme triangulaire occidentale, ce sont les arbalétriers qui reçoivent la charge des pannes sur lesquelles sont alignés les chevrons, portant eux-mêmes la couverture; l'entrait a pour seule fonction de maintenir l'écartement des arbalétriers, et la résistance à la traction est sa qualité essentielle; il sert en somme à sous-tendre les éléments porteurs. La ferme de comble occidentale se présente donc comme un triangle mécaniquement rigide dont la base est l'entrait et dont les deux côtés sont formés de deux arbalétriers inclinés, allant des bords du toit à la poutre faîtière. Les côtés du triangle sont droits, et le toit typique, vu de profil, prend l'aspect d'un V renversé.

La ferme de comble chinoise est un système beaucoup plus complexe. L'entrait doit ici supporter, par l'intermédiaire des poinçons et des entraits retroussés (poutres supérieures) tout ou partie du poids de la couverture. Cette ferme par empilage s'élève, par une série de degrés, jusqu'à ce que la hauteur désirée soit atteinte. Les arbalétriers sont souvent absents, les pannes étant supportées par des poinçons verticalement fichés dans les entraits. Un tel système présente un immense avantage: il permet de donner au toit une courbe soit concave, soit convexe.

b) Le plafond

Les édifices Tang et Song possèdent généralement un plafond; au-dessus, la charpente est laissée non équarrie, tandis que les poutres sous-jacentes, visibles, sont travaillées avec soin. Dans les constructions sans plafond, la charpente tout entière utilise des poutres bien équarries, règle qui se généralisera, sous les Ming et les Qing, qu'il y ait ou non un plafond.

Ces plafonds peuvent être plats, ou à un caisson simple (forme utilisée au centre des grandes salles de palais ou de temple), ou encore à caissons complexes, circulaires, carrés ou octogonaux. Cette dernière forme, appelée «zaojing» (littéralement «puits à plantes aquatiques») est attestée dans les palais et les tombes dès le début de notre ère. Elle doit son nom au décor de plantes aquatiques représentées sur les boiseries du plafond. Ces plantes sont censées pendre vers le bas, et l'image est celle d'un puits rempli d'herbes que l'on verrait à l'envers; le motif était destiné à écarter les incendies.

Ces caissons se composent d'éléments superposés: un rectangle formé par la charpente du plafonnage, un octogone compris dans un carré et une figure comportant huit angles rentrants et huit angles saillants, en deux carrés superposés. Ces plafonds très riches qui ornent, au-dessus du trône impérial, les principaux édifices du palais de Pékin, sont souvent décorés à l'époque Qing d'un dragon sculpté au sommet de l'intrados et laissant pendre hors de sa gueule un fil auquel est attachée une boule.

4. Le toit

Le développement considérable de la toiture, en Chine, est dû au fait que l'entrée du bâtiment ne se trouve pas sous un pignon, mais au milieu d'un long côté, c'est-à-dire d'un des murs goutterots. Il était nécessaire d'alléger à l'œil cette toiture, et les architectes chinois y réussirent en donnant la préférence à la toiture brisée, et, à partir d'une certaine époque, en courbant légèrement les bords du toit, qui semble alors suspendu aux quatre coins par et à des fils invisibles.

a) Forme des toits

La ferme par empilage permet de donner aux toits des formes extrêmement variées. De plus, les conditions climatiques et les traditions régionales en Chine sont si diversifiées que les solutions apparaissent multiples, depuis le toit plat jusqu'au toit à croupe, en passant par la pente unique, le toit rond, le pignon et la demi-croupe. Souvent, lorsqu'il s'agit de grands pavillons, le toit est brisé et comporte deux gradins, le gradin inférieur étant beaucoup plus large que l'autre. Cette disposition, en double toit, divise et allège les grandes masses, décompose et répartit le poids de l'énorme toiture.

Le toit à pignon est caractéristique de l'architecture domestique régionale, de même que les toits plats, à une seule pente ou ronds. Le toit à croupe, c'est-à-dire à quatre arêtes, était employé pour les bâtiments importants, qu'ils soient officiels, religieux ou privés. C'est la plus imposante et la plus harmonieuse de toutes les toitures chinoises. La demi-croupe, apparue sous les Tang, ou même plus tôt, constitue l'intermédiaire entre le toit à croupe et celui à pignon; cette forme, très répandue, se compose de pignons qui sont interrompus à mi-hauteur, tandis que le toit reprend sa pente.

Sous les Ming et les Qing, la hiérarchie des bâtiments se marque dans la toiture: les toits les plus nobles sont à croupe et double toit, puis vient la double toiture à demi-croupe, la croupe simple, la demi-croupe simple, enfin le pignon.

L'évolution s'est faite de toits peu inclinés sous les Tang (l'inclinaison étant alors de 1/6e de la profondeur de la salle) vers des toits de plus en plus hauts, à pente raide: l'inclinaison atteint 1/4 à 1/3, des Song aux Ming, pour se fixer à 1/3 sous les Qing.

b) Incurvation des toits

L'incurvation des bords du toit constitue l'achèvement le plus original de la toiture chinoise; celle-ci semble alors libérée de ses supports, car plus elle déborde le bâtiment, plus elle paraît planer au-dessus des colonnades. Elle n'est plus la simple couverture de l'édifice, elle en devient le couronnement.

Les toits, à l'époque Han, ne sont pas relevés, mais présentent souvent une sorte de décrochement en leur milieu, changement d'inclinaison qui donne l'impression d'un petit double toit, et qui peut être, dans le cas de salles très profondes, une solution pour éviter un toit qui eût été trop haut si on l'avait construit droit. Le problème n'est guère différent de celui de l'incurvation qui s'obtient au besoin en assemblant à angle obtus, au bout des chevrons, autant de coyaux qu'il est nécessaire.

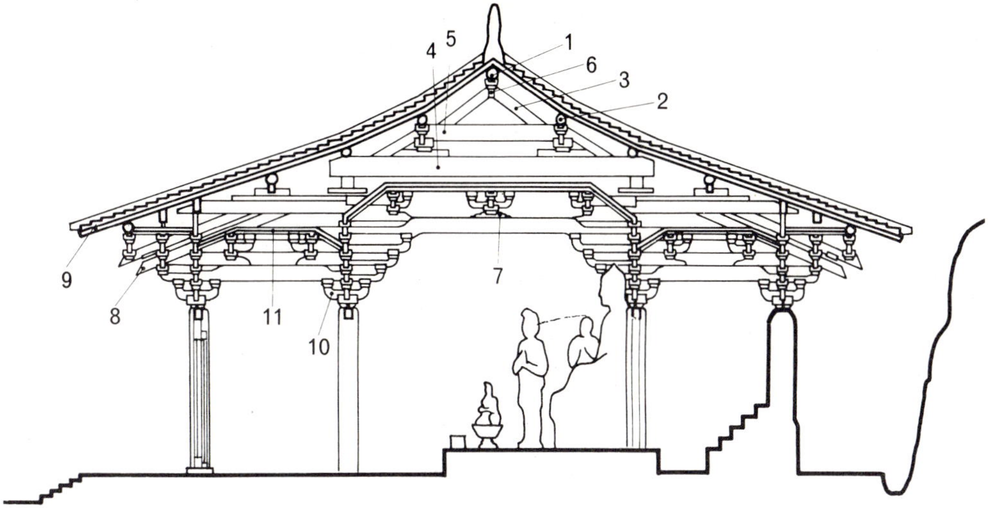

1 panne faîtière
2 panne
3 sorte de contre-fiche
4 entrait
5 entrait retroussé
6 poinçon
7 tuofeng
8 bras de levier (ang) dont l'about interne butte contre le dessous d'une traverse
9 chevrons
10 bras de console
11 plafond

▲ Charpente, ferme de comble et système de consoles de la salle principale du Foguang si au Wutai shan (Shanxi), construite entre 850 et 860

Le véritable toit incurvé, qui peut dater du début de l'époque Tang, semble s'être développé d'abord dans le sud et le centre-sud de la Chine, où il apparaît sur certaines pagodes du Xe siècle. Il ne fut vraisemblablement pas utilisé sur les édifices de la Chine du Nord avant les Song, et fut peut-être apporté alors à la capitale par l'architecte Yu Hao, originaire de Hangzhou. L'origine de cette incurvation, acceptée comme un fait acquis dans le manuel officiel de l'architecture Song, le «Ying zao fa shi» de 1100, demeure très controversée. W. Willetts («Chinese art» t. II, Londres 1958) pense que la courbure devint à un certain moment un élément naturel et inhérent à la structure même du toit. Elle aurait été un fléchissement produit, à l'origine, par le poids mort des matériaux de couverture (en particulier des gouttières en bambou utilisées comme tuiles). Les supports intérieurs auraient dès lors été conçus pour maintenir la courbure naturelle et l'on aurait créé un type de construction comportant des poutres horizontales et des piliers verticaux dont la hauteur pouvait être réglée en fonction de la courbe extérieure qu'on voulait obtenir. L'hypothèse, bien que tentante, à certains égards, n'est pas entièrement convaincante, et il faudra attendre pour résoudre ce problème que des études d'évolution interne touchant les éléments de la toiture aient été menées à bien, parallèlement à un dépouillement plus important de textes pré-Tang, et à des recherches sur les influences étrangères. Il faut noter que le développement du toit incurvé sous les Song correspond à une inclinaison plus prononcée de la pente du toit, et, dans le domaine esthétique, à une recherche voulue de légèreté.

c) La couverture

La couverture chinoise comprend, comme en Occident, des voliges reposant sur le dos des chevrons et supportant les tuiles, mais ici jamais directement. Entre les voliges et la couverture proprement dite viennent s'intercaler, soit une ou plusieurs couches d'argile, soit des bardeaux très minces.

Les tuiles en demi-canal sont couchées en rangées allant du faîte au bord inférieur du toit, la partie concave en haut, formant des gouttières verticales. Pour prévenir toute infiltration d'eau, on pose, à la jonction entre deux rangées de tuiles, une rangée, placée la partie convexe vers le ciel, qui enjambe ainsi les rangs concaves. Ces tuiles alternativement concaves et convexes, sont peu cuites et de nuance grisâtre pour les édifices ordinaires, vernissées (bleues, jaunes ou vertes) pour les bâtiments importants. L'usage des tuiles vernissées serait apparu, en provenance de l'Occident, au Ve siècle. Dès ce moment, on commença à en fabriquer à Datong, au Shanxi, ville qui est restée jusqu'à nos jours le principal centre de fabrication. Il semble que les types n'aient pas été très variés jusqu'à l'époque Song et que le grand développement se place à partir des Yuan; quatre fours, dans les collines de l'ouest, travaillaient alors pour le palais de Pékin; les produits étaient ensuite acheminés par voie d'eau jusqu'à Liulichang (l'actuel quartier des antiquaires de Pékin) pour recevoir leur poli final.

Dès l'époque des Royaumes Combattants, les bords des toits furent décorés de tuiles rondes, et les modèles de maisons en terre cuite, aux alentours de notre ère, montrent déjà un faîtage très riche. A cette époque durent se répandre les motifs placés à ses extrémités, parmi lesquels une sorte de dauphin à queue relevée, dit «queue de hibou» («chiwei»), qui, comme les caissons à herbes aquatiques des plafonds, aurait été destiné à écarter les incendies. Au XIIe siècle, le «Ying zao fa shi» note neuf variétés d'animaux surmontant le faîtage du toit. Ces ornements préfigurent les silhouettes humaines et animales appelées «Kuilongzi» qui sont alignées sur les arêtes des croupes des bâtiments Ming et Qing, et qui peuvent être vernissées comme les tuiles.

d) Les consoles supportant les bords du toit

Les toits débordants, typiques des constructions chinoises, permettaient un meilleur écoulement des eaux lors des fortes pluies et protégeaient du soleil en période de grande chaleur. Mais le toit étant très lourd, il était nécessaire d'en soutenir les bords à l'aide de consoles. Une technique très élaborée touchant ces consoles s'est développée au cours des siècles, et la complexité du système ainsi constitué est telle, ses variations apparaissent si subtiles, que nous ne ferons ici qu'effleurer les grandes lignes du problème. Le terme «système de consoles» («dougong») implique l'aspect général, l'arrangement et la fonction statique de tous les éléments qui contribuent à soutenir les bords du toit et les parties environnantes de la structure. Le «bras de console» désigne la composante de base du système, dont la fonction essentielle est de fournir, à son extrémité libre, un point d'appui indépendant. Enfin, le terme «encorbellement» («buzuo») désigne un groupe de bras de console avec leurs éléments secondaires, tous partant d'un point unique de soutien. La portée effective horizontale d'un bras de console est appelée un degré, et la hauteur verticale portante de chaque bras un gradin; ainsi parle-t-on d'un complexe à deux degrés et trois gradins, ce qui signifie qu'il y a une double projection extérieure et une triple hauteur portante (ex.: sur le linteau du Dayan ta à Sian). La console, comme unité caractéristique des encorbellements, est une combinaison de trois éléments: à la base, un bloc porteur sur lequel repose un long bras qui, lui-même, porte trois petits blocs également espacés pour soutenir la panne du toit.

Sur certains bronzes anciens, des inscriptions semblent indiquer que ce système serait apparu à l'époque des Royaumes Combattants. Sous les Han, ces consoles ne forment pas un tout avec la charpente, mais se présentent comme des supports indépendants; l'encorbellement ne comporte alors jamais plus d'un degré et ne s'élève pas au-dessus de deux gradins. Il faut attendre l'époque Tang pour que le système atteigne son plein épanouissement et une plus grande complexité. Pendant cette période, un surplomb de plus en plus prononcé de l'avant-toit devait conduire à une augmentation croissante du nombre des degrés et des gradins. Les consoles, très grandes (celles de la salle principale du Foguang si au Wutai shan dépassent, dans certains cas, 60 cm de large), constituent une partie agissante de la structure. Sur le linteau du Dayan ta, à Sian (VIIIe siècle), les combinaisons d'encorbellement longitudinal et transversal semblent standardisées.

A cette époque, le bord du toit est soutenu uniquement dans l'axe des colonnes, et le système donne une impression de grande clarté. Deux innovations marquent, en ce domaine, la période Song: le bord du toit est désormais également soutenu entre les colonnes, et le système d'encorbellement fait usage d'un bras levier dont la terminaison interne offre un support direct à la panne d'aile.

La première de ces innovations apparaît au Foguang si (857). Si l'identité complète des encorbellements sur colonnes et intermédiaires n'est pas encore consommée, si les consoles intermédiaires sont de forme simple, elles supportent cependant la panne du toit et marquent ainsi un pas décisif par rapport au système Tang. Ces consoles, répétées sous les Song, seront multipliées sous les Ming et les Qing jusqu'à former une corniche ornementale continue. Les tendances décoratives éclipseront désormais la rigueur et l'ingéniosité de la mise en œuvre du bois, qualités majeures de la construction Tang et Song, dans laquelle chaque membre avait une fonction précise. De petites dimensions, les consoles Ming et Qing ne jouent plus aucun rôle et apparaissent, au Palais Impérial de Pékin, comme une simple frise sous la toiture, les pannes reposant sur des poutres saillantes.

Le bras levier

La sustension effective du toit est obtenue non seulement par un système de consoles, mais aussi par un effet de levier. Le bras de console oblique («ang») apparaît vers le IIIe siècle de notre ère et restera un des éléments les plus efficaces du système de consoles. Ce bras incliné, placé directement sous le toit et descendant jusqu'au bord de celui-ci, en suivant le même angle que les chevrons, se termine sous la panne du bord du toit qu'il soutient à l'aide d'une console ou d'une poutrelle transversale. Sa ligne oblique contraste avec les horizontales et les verticales de la structure et apporte à l'ensemble un effet dynamique.

Jusqu'à l'époque Song, l'about interne du bras incliné venait simplement buter contre le dessous d'une traverse; ce parti nécessitait, pour le masquer, un plafond sur les bas-côtés de l'édifice. Les recherches Song aboutirent à un dessin amélioré et plus efficace de l'«ang». Le bras oblique est désormais entièrement visible, et sert de véritable levier équilibrant les poids intérieurs et extérieurs; il forme une ligne vivante et active dont l'effet décoratif est lié au rôle fonctionnel. Ce parti est utilisé par exemple au Chuzu an du Shaolin si (Song shan, Henan).

Ce bras peut être doublé pour obtenir plus de solidité. Plus tard, un élément horizontal terminé en bec et appelé faux «ang» simulera un second bras incliné sous le vrai. Ces faux «ang» employés concuremment avec les vrais, à l'époque Yuan, se répandront sous les Ming, pour se généraliser sous les Qing. Les bords du toit seront alors soutenus par une colonnade supplémentaire, située presque immédiatement sous le développement maximum de l'avant-toit et supprimant la nécessité de points de soutien dans le plan du mur. Le bras de console incliné n'a plus désormais de rôle pratique, et devient, comme l'encorbellement, un simple ornement. Ce nouveau procédé, dans sa monotonie, constitue une sorte de sclérose par rapport à la structure élastique et dynamique des constructions Tang et Song.

▼ Encorbellement (buzuo) et bras levier (ang) du Shanhua si de Datong (Shanxi), époque Liao (XIe siècle)

1 bras levier (ang)
2 chevron
3 bloc de porteur de la console
4 bras de console
5 poutre traversant le sommet des colonnes dans le sens de la longueur du bâtiment (lan e)
6 poutre traversant le sommet des colonnes dans le sens de la profondeur du bâtiment (pupaifang), dès l'époque Liao

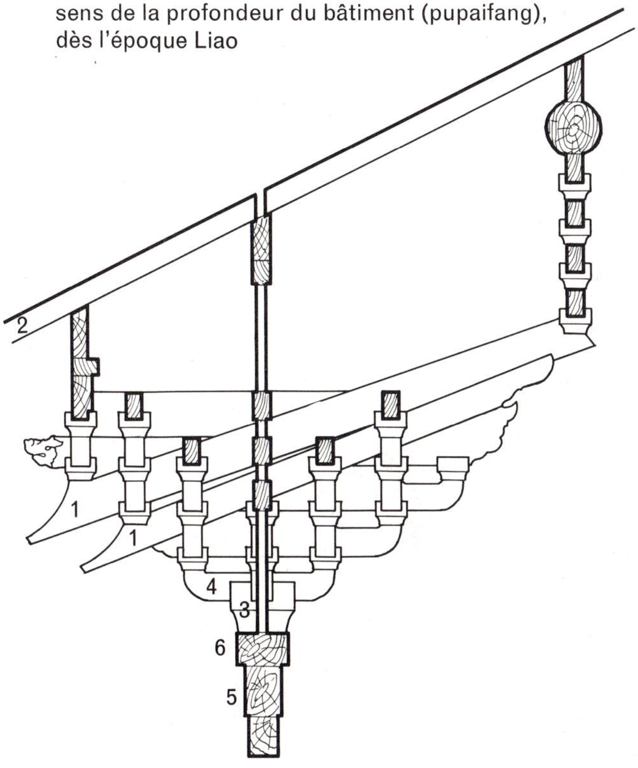

Les palais

Les palais dans l'Antiquité

Rappelons ici qu'un palais est un ensemble de bâtiments distincts réunis dans une enceinte. Des palais de l'Antiquité chinoise, construits en matériaux périssables, seules subsistent les terrasses sur lesquelles ils s'élevaient. Des emplacements de palais furent ainsi découverts dans les capitales Shang à Zhengzhou et Anyang au Henan, dans les villes des Royaumes Combattants: Linzi au Shandong, Handan et Xiadu au Hebei. Du palais Afang de Qin Shi huang di à Xianyang (sur les bords de la Wei, à l'ouest de l'actuelle Sian), il ne reste qu'un grand monticule d'environ 12 m de haut.

A Anyang, une cinquantaine de palais ont été localisés. Ils apparaissent le plus souvent rectangulaires ou en U sur des fondations en terre damée qui portent les bases en pierre des colonnes en bois. La disposition générale des vestiges semble indiquer que la répartition des bâtiments autour d'une cour, sur une ligne axiale sud-nord, a pris naissance à cette époque.

Les fouilles récentes de sites de la fin des Zhou permettent cependant d'entrevoir une évolution: ces palais royaux deviennent en effet de plus en plus grands du VIe au IIIe siècle av. J.-C.

Linzi (VIe-Ve s.) superficie:	75 × 65 m
Handan (déb. IVe s.) superficie:	300 × 200 m
Xiadu (IVe s.) superficie:	130 × 140 m
Afang gong (IIIe s.) superficie:	1200 × 450 m

L'époque Han

Le palais Weiyang de la Changan des Han occidentaux, édifié en 199 av. J.-C., s'élevait sur une éminence dans la partie sud-ouest de la ville qu'il dominait. Son enceinte comprenait plusieurs édifices différents dont il ne subsiste rien. Le grand historien Sima Qian nous a laissé la relation de la prise de possession de son nouveau palais par le premier empereur des Han, Gao zu (206-194 av. J.-C.): «Le grand conseiller Xiao He avait construit, d'après ses propres plans, le palais Weiyang; il avait élevé une porte orientale, une porte septentrionale, une salle antérieure, un magasin d'armes, un grenier. A son retour, Gao zu trouva que les dimensions du palais et des portes étaient exagérées; il se mit en colère et dit à Xiao He: L'empire retentit de plaintes, il a souffert de la guerre pendant plusieurs années, les succès ou la défaite sont encore incertains. Pourquoi construire des palais qui dépassent toute mesure? Xiao He répondit: ‹C'est précisément parce que l'empire n'est pas encore rentré dans le calme qu'il est possible d'élever en cet instant des palais; d'ailleurs le Fils du Ciel (= l'empereur) a pour maison tout le pays à l'intérieur des quatre mers; si ce n'est pas par les dimensions et la beauté (de ses édifices), il n'y a rien par quoi il puisse agrandir son prestige.› Gao zu fut alors satisfait.» («Les Mémoires historiques», trad. Chavannes, t. II p. 391). Ce texte est révélateur d'une politique qui fait de l'architecture du palais, du luxe qui y est déployé, un instrument de prestige, un symbole des vertus du gouvernement impérial. Cette politique sera adoptée à leur avènement par toutes les grandes dynasties chinoises à partir des Han, par les Tang à Changan, les Song à Kaifeng, les Ming à Pékin.

Il nous faut, pour apprécier l'architecture des palais Han, avoir recours aux textes qui les décrivent, et aux autres arts de l'époque; il semble qu'il y ait eu alors une union totale de la sculpture et de la peinture à l'architecture. L'existence de fresques ornant les salles des palais, attestée par les textes dès une époque ancienne – le «Zo zhuan» note à la date de 606 av. J.-C.: «le duc Ling de Jin levait des taxes exorbitantes pour faire peindre les murs de son palais» – est confirmée par la découverte de fresques dans les tombes de l'époque Han. Les textes nous disent que le palais Weiyang, sous le règne de Wu di (140-86 av. J.-C.), avait des pannes et des chevrons en bois odoriférants, des poutres en bois d'abricotier poli, certaines portes et bases de colonnes en jade.

Le «ming tang»

Un site architectural datant des Han occidentaux fut découvert en 1956-57 au sud de la muraille de la Changan des Han (faubourgs Ouest de l'actuelle Sian). Le site, dans sa structure originelle, semble avoir compris:

1. une partie centrale
2. un mur d'enceinte avec quatre portes et des bâtiments annexes,
3. un long fossé entourant la muraille.

La structure centrale s'élevait sur une plate-forme en terre, rectangulaire, elle-même construite sur une assise circulaire de terre damée de plus de 60 m de diamètre. Dans les quatre directions, autour de cette grande plate-forme s'élevaient quatre salles, ayant chacune huit appendices, sauf la salle du Nord qui n'en comportait que quatre.

Les archéologues chinois ont émis l'hypothèse que ces vestiges pourraient être ceux d'un «ming tang» et d'un «bi yong» datant des dernières années des Han occidentaux.

Le «ming tang» est un palais dont la conception théorique, apparue peut-être vers le IVe siècle avant notre ère, consistait à en faire le lieu élu où se manifeste la vertu royale dont dépend le bon fonctionnement du monde céleste (année, saisons) et terrestre (gouvernement du peuple). Cette construction devait faire partie d'un ensemble de trois palais:
- la salle sacrée: le Ming tang,
- le (palais du) fossé annulaire: Bi yong,
- la terrasse transcendante: Ling tai.

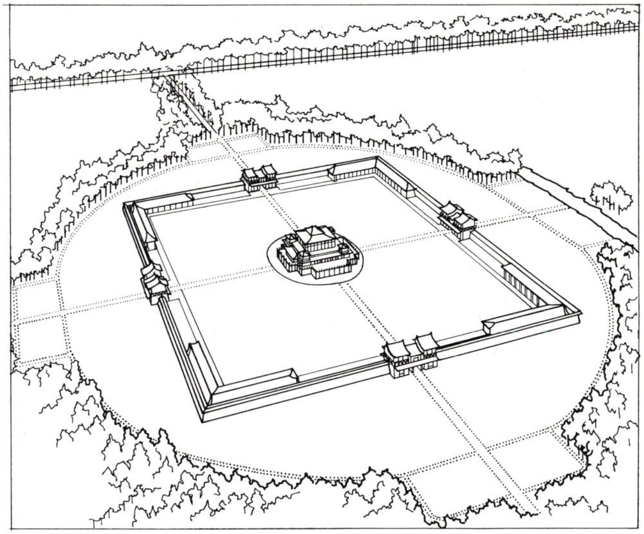

▲ Reconstitution d'un ensemble architectural correspondant peut-être à un ming tang et à un bi yong, d'après les vestiges découverts en 1956–1957 au sud de la capitale Changan des Han

Le «ming tang» aurait comporté, au centre, un espace vide, carré, couvert d'un toit rond, mais dépourvu de murs; il aurait été entouré de quatre salles aux quatre orients, flanquées chacune de huit appendices. Là, selon les théoriciens Han, les rois de l'Antiquité conformaient leur conduite à celle du Ciel, se déplaçant d'une salle à l'autre, changeant de costume et de nourriture selon les saisons. Ils y sacrifiaient à l'ancêtre dynastique pour l'associer au Ciel, y affichaient les lois au début de chaque année, tandis que, dans le «bi yong», ils accomplissaient la cérémonie de nourrir les vieillards pour enseigner au monde la piété filiale. Sur le «ling tai», ils observaient le ciel pour déterminer les influx fastes ou néfastes.

L'empereur Wu des Han fit construire un «ming tang» au pied du Tai shan, en 106 av. J.-C.; c'était un bâtiment à deux étages, dont l'étage supérieur apparaissait rond, et l'étage inférieur carré; il ne comportait pas de mur plein, son toit était en chaume, et un fossé plein d'eau l'entourait, ajoutant l'idée du «bi yong» à celle du «ming tang». L'usurpateur Wang Mang, en l'an 4 de notre ère, fit bâtir un ming tang à Changan. Puis, lorsque la capitale fut transférée à Luoyang, on décida d'y construire un «ming tang», qui paraît avoir été achevé en 56 de notre ère. Le nombre et la disposition des salles y étaient étroitement liés à la valeur symbolique des nombres: le bâtiment central était subdivisé en neuf salles (évoquant les neuf provinces); il était entouré sur chacune de ses quatre faces de trois halls ($3 \times 4 = 12$ évoquant les douze stations du soleil) formant une avancée

▼ Plan du palais Daming de la capitale Changan des Tang, d'après les fouilles effectuées depuis 1957

1 Xuanwu men, porte principale septentrionale
2 Linde dian
3 lac Taiyi
4 Hanyuan dian
5 porte Danfeng

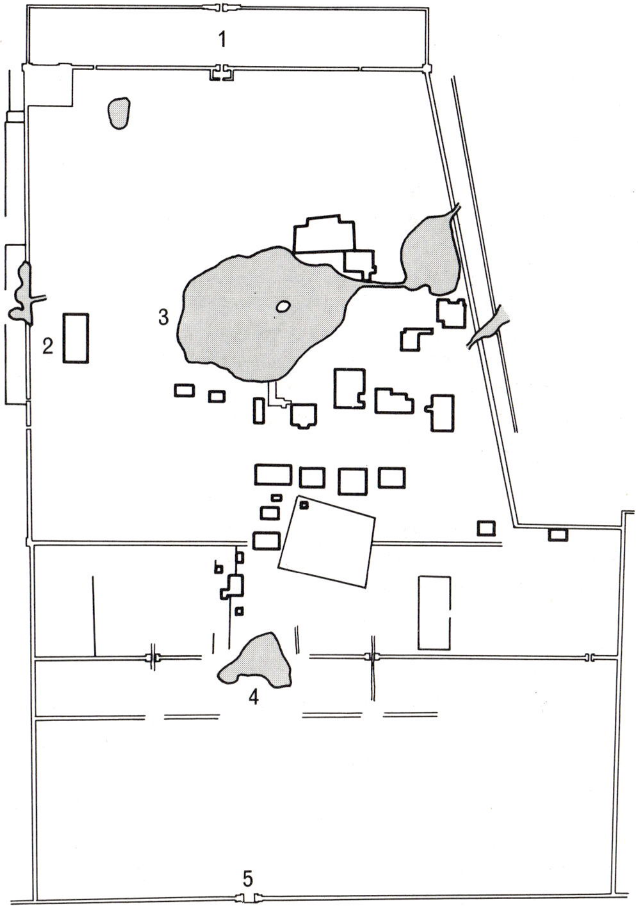

sur chaque face. L'ensemble avait donc l'apparence d'une croix dont chaque groupe de trois halls formait une des branches et dont le carré aux neuf salles était le centre.

Ces édifices, «ming tang», «bi yong» et «ling tai», garants de la Vertu royale, étaient tout à fait distincts des palais et du temple ancestral. Leur symbolisme semble les apparenter aux temples impériaux (autel du Ciel...) des dynasties ultérieures.

1 palais Daming
2 porte Danfeng
3 limites de la ville de Sian sous les Ming et les Qing (1368–1911)
4 porte Jinguang
5 porte Yanping
6 muraille de Changan sous les Tang
7 porte Anhua
8 porte Mingde
9 porte Qixia
10 lac Qujiang
11 porte Yanxing
12 porte Chunming
13 palais Xingqing

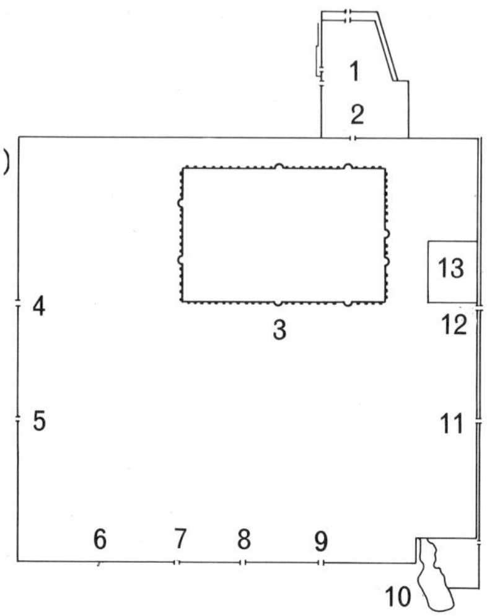

▲ Emplacement des palais Daming et Xingqing, de la capitale Changan des Tang

La cité du palais dans la Changan des Tang

Le palais impérial des Tang, situé au milieu de la partie nord de la ville, faisait face au sud où il touchait la cité impériale, siège des bureaux gouvernementaux. Point focal de l'empire, il constituait la partie essentielle de la capitale; à cet égard, les premiers mots d'un édit de 731 sont significatifs: «Les deux capitales sont simplement les demeures de l'empereur.»

Le palais le plus important de cette cité interdite était, au centre, le palais Taiji (du grand faîte), flanqué de palais plus petits à l'est et à l'ouest. Là, le 1er et le 15 de chaque mois, l'empereur venait administrer les affaires de l'Etat. Derrière les salles d'audience, d'autres palais abritaient les appartements privés du souverain. Mais ces édifices, construits en terrain bas, étaient très chauds en été; aussi les empereurs Tang entreprirent-ils, dès 634, la construction d'une nouvelle résidence, le Daming gong, sur un emplacement plus élevé et contigu à la muraille Nord. Ce palais Daming, situé au nord-est de la ville, agrandi en 662, devint la résidence permanente des empereurs.

Le financement de la construction du Daming gong illustre la façon d'opérer des dirigeants chinois en pareille circonstance: l'empereur préleva un mois de salaire sur tous les fonctionnaires et leva un impôt spécial sur la population de quinze préfectures. Le travail fut effectué par réquisition et dans des délais extrêmement rapides. Un autre exemple de commande impériale nous est donné par le voyageur japonais Ennin qui note qu'en 844, au 10e mois, on commença sur ordre de l'empereur la construction, au palais, d'une terrasse des Immortels (taoïstes), de 150 pieds de haut.

Trois mille légionnaires des armées de gauche et de droite travaillèrent à cette construction; la terrasse fut achevée le 3e jour de la 3 lune de 845; «le sommet en est plan, assez large pour supporter les fondations d'un bâtiment à sept entrecolonnements... on a disposé des rochers sur les quatre faces de la terrasse, avec grottes et sentiers rocailleux. C'est très beau; des pins, des thuyas, des arbres rares ont été plantés; un édit impérial ordonne à sept prêtres taoïstes de faire cuire sur la terrasse l'élixir et de chercher l'immortalité». (trad. R. Levy)

Le plan du Daming gong, qui couvrait une superficie de 2 km^2, ses murailles, ses principales portes, une vingtaine de bâtiments et l'emplacement du lac Taiyi ont été précisés au cours de plusieurs campagnes de fouilles commencées en 1957. Le palais comprenait deux parties: à l'avant, la partie officielle, à l'arrière, les appartements privés. Le Hanyuan dian constituait l'édifice principal de la partie officielle, la salle du trône où avaient lieu les cérémonies importantes de la Cour et où les hauts fonctionnaires venaient rendre hommage à l'empereur, au nouvel an et au solstice d'hiver. La plate-forme sur laquelle s'élevait la salle et qui seule a subsisté, haute de 10 m, mesurait 75,9 m × 42,3 m. La salle comptait onze entrecolonnements en longueur et quatre en profondeur; elle était entourée d'une galerie couverte dont les colonnes reposaient directement dans des cavités creusées dans la terrasse. On y accédait au sud par trois rampes de 70 m de long. Deux tours élevées à l'est et à l'ouest sur des plates-formes en terre de 15 m de haut, étaient reliées à la salle principale par des passages couverts.

Un peu au nord-ouest, s'élevait la salle Linde, l'une des plus spacieuses du palais. Egalement construite sur une terrasse en terre renforcée de briques, elle mesurait 77,6 m sur 130,4 m, et comprenait 164 colonnes alignées sur 17 rangs du nord au sud, et 10 rangs de l'est à l'ouest. La salle était divisée en trois parties, les deux premières dallées de marbre, celle du fond pavée de briques carrées et polies. L'empereur y tenait souvent des banquets, y recevait ses ministres et les ambassades étrangères.

La plupart des édifices du Daming gong, et en particulier les appartements privés qui étaient situés dans la partie nord, s'élevaient au milieu de jardins. Les textes de l'époque rapportent que l'ensemble comptait 21 portes, 24 grandes salles, et plus de 40 tours, pavillons, terrasses et kiosques destinés les uns au gouvernement, d'autres à l'étude et à la méditation, d'autres enfin au plaisir.

A l'est de la ville, près du rempart, fut édifié en 714 un autre palais, le Xingqing gong. Palais de réception, d'audience et de banquets, il comprenait dans son enceinte un large étang ovale bordé de pavillons et de kiosques. Les fouilles, commencées en 1958, ont permis de mettre au jour les vestiges de salles, de galeries et d'un pavillon d'entrée au centre de la muraille méridionale.

Les vestiges de ces palais Tang récemment découverts illustrent les témoignages littéraires de l'époque, et confirment ce que nous savions de la cour somptueuse de Changan d'après les œuvres d'art que cet âge d'or nous a léguées. Dans le domaine de la calligraphie, de la peinture, de la musique, de la sculpture, la Chine connaît alors une extraordinaire période de création artistique. Les objets d'art, orfèvrerie, céramique, tissus portent l'empreinte du luxe inouï et du goût de l'exotisme qui régnaient à la cour. Les caravanes qui partaient de Changan, acheminant à travers les pistes d'Asie Centrale les produits chinois vers tous les centres commerciaux du Moyen-Orient, revenaient chargées de soies de l'Inde, d'épices d'Arabie, de chevaux de Bactriane, de broderies et d'orfèvrerie de Perse. Ambassades venues de tous pays, histrions, artisans fuyant les hordes de l'Islam, se retrouvaient à Changan, centre intellectuel et artistique de l'Asie d'alors.

Les palais Song

Notre connaissance des palais Song est pauvre. Le fondateur de la dynastie voulut faire revivre à Kaifeng les fastes de Changan et fit appel, pour diriger les travaux, à un architecte du Sud, Yu Hao. Celui-ci introduisit au Henan des modes de construction élaborés dans les provinces méridionales (par exemple, les toits recourbés), qui allaient être à l'origine du style officiel des Song. Dans ces nouvelles constructions, moins amples que celles des Tang (il semble que les souverains du XIe siècle aient disposé de moyens financiers moins importants que leurs prédécesseurs), on s'attache à la légèreté, aux détails, aux ornements sculptés, à la couleur. La décoration architecturale semble avoir été, à cette époque, d'une variété remarquable; le répertoire des motifs relevés dans le traité d'architecture de Li Jie, le «Ying zao fa shi», comprend des dessins géométriques, floraux, animaliers, et des figures humaines. Celles-ci disparaîtront totalement du décor architectural, tant sculpté que peint, des Ming et des Qing, et il semble bien que, là encore, l'art du Palais Impérial de Pékin représente un appauvrissement par rapport aux créations Tang et Song.

Il est vraisemblable que la peinture de l'époque des Cinq Dynasties et des Song du Nord a eu une influence sur le style et la décoration des palais de l'époque; les textes nous ont conservé des noms de peintres, comme Liu Wentong, qui auraient participé à l'élaboration des plans et à la réalisation des palais de Kaifeng. Par un juste retour des choses, c'est dans la peinture Song que nous pouvons trouver, idéalisées, des représentations de palais; les œuvres attribuées à Guo Zhongshu, peintre célèbre de vues d'architecture à l'époque des Cinq Dynasties et au début des Song, ou celles exécutées dans son style, comme le «Palais d'Eté de l'empereur Ming huang» (Musée d'Osaka, Japon) sont caractéristiques du goût et des recherches de ce temps.

Une autre peinture, vraisemblablement d'un disciple de Li Longmian (env. 1040-1106), est conservée à la Freer Gallery de Washington; l'architecture y apparaît légère, aérée dans sa complexité même, très raffinée dans ses détails. Enfin un rouleau, parmi ceux attribués à Zhao Boju, évoque, sous le titre «L'Entrée à Guanzhong du premier empereur de la dynastie Han», les palais de Qin Shi huang di tels qu'un artiste Song pouvait les imaginer (Museum of Fine Arts, Boston). Zhao Boju, peintre favori de l'empereur Gao zong (1127-1162), fut chargé par lui de certaines décorations intérieures. Sa manière colorée, archaïsante et illustrative devait plaire aux souverains Song qui prisaient pour leurs palais les tons chauds, l'or, le vert, le rouge et le bleu. Cette gamme de couleurs que Zhao Boju empruntait au peintre Li Six un des Tang influencera à son tour des artistes Ming comme Qiu Ying. Or, les textes nous apprennent que les empereurs Ming aimaient, dans la décoration, un vert «vieux bronze», un pourpre profond et un bleu-vert, tonalités qui correspondent à ce que nous connaissons des œuvres de Qiu Ying; peut-être est-il possible ainsi, à travers les œuvres de Zhao Boju pour les Song et de Qiu Ying, par exemple, pour les Ming, de se faire une idée du chatoiement de couleurs des palais impériaux.

Les palais de Pékin à l'époque Yuan

Les bâtiments qui frappèrent le plus les Européens, Marco Polo et le Frère Odoric, dans la capitale mongole furent les palais impériaux qui constituaient à leurs yeux une des merveilles du monde. Le palais, cœur de la ville impériale, occupait un rectangle enclos de hautes murailles (3 à 4 km de tour), surmontées de tours aux angles et aux portes, et bordées d'un fossé. Son emplacement semble être exactement celui de la cité des palais Ming et Qing (actuel Musée du Palais Impérial) qui fut construite sur les fondations Yuan.

Comme à Changan, comme plus tard sous les Ming, le principe est que les grandes salles de cérémonies sont placées vers l'entrée, dans ce qu'on appelle la cour extérieure; derrière, vient la cour intérieure occupée par les bâtiments officiels de moindre importance; enfin la partie la plus reculée de cette cité-palais est réservée à la résidence de la famille impériale. La zone des palais englobait à l'ouest le lac Beihai bordé de jardins d'agrément.

Il semble que certaines innovations apparaissent dans le palais mongol bien que les grandes lignes de construction suivent la tradition des Song; l'usage des tuiles et des briques vernissées se répand, le système des longues galeries reliant ou longeant les bâtiments se développe, enfin l'utilisation des points élevés de la cité permet à la noblesse mongole de contrôler militairement la ville.

Les palais de Pékin sous les Ming et les Qing

Le palais impérial actuel (Gugong), commencé en 1406, rénové au XVIe siècle, fut en grande partie reconstruit et restauré du XVIIe au XIXe siècle; cependant la disposition d'ensemble n'a guère changé. Les appartements privés, occupés jusqu'en 1924 par la famille impériale, sont maintenant transformés en musée, de même que la partie officielle du palais.

Cette «cité interdite» se présente comme un immense rectangle de près d'un km de long (S.-N.) sur 760 m de large (E.-O.), ceint d'une muraille qui dépasse 7 m de haut, et d'un large fossé. La muraille est percée de quatre portes, chacune à trois ouvertures et couronnée d'un pavillon. Les deux portes principales, au centre des côtés sud et nord, marquent les deux extrémités du grand axe médian de la ville. Les portes latérales Est et Ouest sont placées assez près des angles méridionaux pour faciliter l'accès aux bureaux et aux salles de cérémonies situés dans la partie sud. Les quatre angles du rempart sont dominés par des pavillons dont les toits se reflètent dans l'eau du fossé. Celui-ci est séparé de la muraille par un espace formant fausse braie, occupé par des casernes et des magasins pour le service de la garde.

Rigoureusement orienté suivant un axe sud-nord, le palais s'ouvre au sud sur une longue cour enclose qui s'étend jusqu'à la porte Tianan men, entrée de la cité impériale, et qui se poursuivait autrefois au-delà, jusqu'à Qian men.
A l'extérieur de Tianan men, se dressent deux colonnes de marbre ornées de dragons enroulés, de motifs de nuages en relief, et, au sommet, de deux appendices en forme d'ailes. Ces piliers, appelés «huabiao», seraient des symboles de la gloire impériale.

Le long espace qui sépare Tianan men de l'entrée méridionale du palais, Wu men, utilisé parfois pour des parades militaires, est divisé en deux vastes cours séparées par la porte Duan men. A l'est et à l'ouest s'élèvent, dans des parcs, le grand temple consacré aux Ancêtres impériaux, le Tai miao, et l'Autel du Sol, le Shejitan.
Le Tai miao, sur le côté est, fut construit par l'empereur Yong le, restauré en 1544, puis sous Qian long. L'ensemble est entouré d'une double muraille épaisse et entre ces deux murs sont plantés de grands pins. L'enclos central comprend l'édifice principal, le Qian dian. Cette salle, large de onze entrecolonnements et couverte d'une double toiture à tuiles vernissées jaunes, repose sur une triple terrasse de marbre blanc. Deux autres salles, moins grandes, construites sur une simple terrasse de marbre, sont placées derrière cet édifice que précède une vaste cour bordée de bâtiments symétriques à droite et à gauche.

Partie officielle du palais

La porte méridionale, Wu men, édifiée en 1420, reconstruite en 1647, restaurée en 1801, la plus imposante des portes du

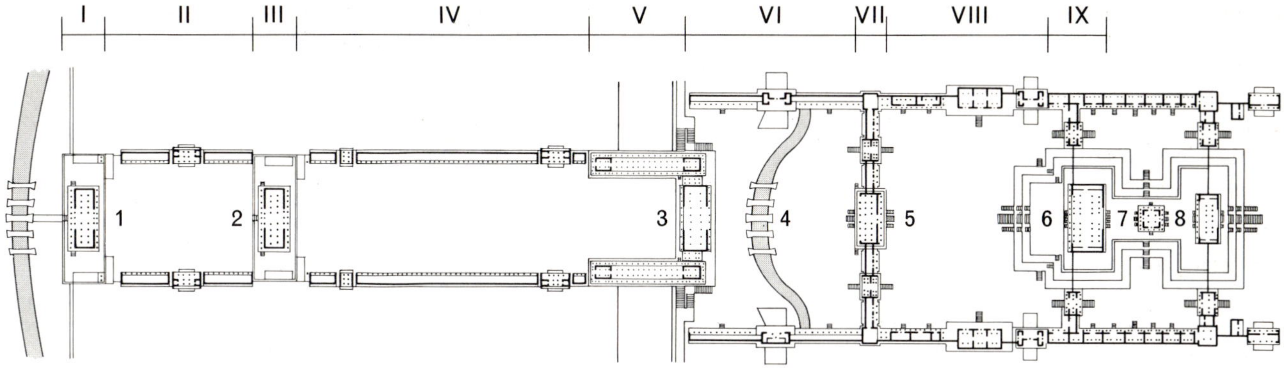

▲ Plan de la partie officielle du Palais Impérial de Pékin, à l'époque des Ming et des Qing

I premier temps fort
II repos
III transition
IV introduction
V deuxième temps fort
VI repos
VII transition
VIII introduction
IX troisième temps fort

1 Tianan men
2 Duan men
3 Wu men
4 pont de la rivière des Eaux d'Or
5 Taihe men
6 Taihe dian
7 Zhonghe dian
8 Baohe dian

palais, se compose d'un bâtiment central à deux étages et neuf entrecolonnements en façade (L. 126 m). De chaque côté, deux ailes s'avancent vers le sud, couronnées par quatre pavillons réunis par des galeries. Le double toit du bâtiment central est recouvert de tuiles vernissées jaunes, couleur réservée à l'empereur, et orné d'acrotères. La porte s'ouvre par trois passages voûtés sur une vaste cour dallée, au fond de laquelle se dresse la porte Taihe. Cette cour extérieure mesure 600 m de long; au premier plan coule la rivière des Eaux d'Or Jinshui he, qui décrit une large courbe de l'est à l'ouest franchie par cinq ponts de marbre aux balustrades sculptées. L'avenue médiane, passant sur le pont central que seul l'empereur empruntait, mène droit à la terrasse du Taihe men (porte de l'Harmonie suprême). On accède à la terrasse de marbre blanc par trois escaliers, la rampe du milieu, longue de 55 m, et sculptée de dragons, était réservée au palanquin impérial. La porte se compose d'une salle divisée en trois nefs et en neuf travées sur la façade ouverte. De hautes colonnes soutiennent un double toit profondément incurvé.

Une distance de 180 m environ sépare cette porte du Taihe dian (pavillon de l'Harmonie suprême), le premier des trois grands bâtiments d'honneur du palais construits sur une grande terrasse à trois gradins. Cette terrasse, entourée d'une balustrade de marbre sur chacun de ses gradins, est scandée d'escaliers qui se répètent à chaque étage et d'une rampe d'accès sur l'axe médian.

Le Taihe dian, construit en 1627, reconstruit en 1697 et réparé en 1765, est le bâtiment le plus majestueux de cette partie du palais. La façade mesure 63,96 m de long (11 entrecolonnements), 37,17 m de profondeur (cinq entrecolonnements), pour une hauteur de 26,92; l'intérieur est divisé parallèlement au grand axe par quatre rangées de huit colonnes, la travée méridionale formant une galerie ouverte. La double toiture à croupe est couverte de tuiles jaunes. Les cérémonies importantes, comme l'intronisation de l'empereur, l'hommage de la cour au souverain (lors du premier jour de l'an, du solstice d'hiver, de l'anniversaire de l'empereur, du départ des généraux pour la guerre), la proclamation des principaux décrets se déroulaient dans cette salle.

Le Zhonghe dian (pavillon de l'Harmonie du milieu), reconstruit en 1627, réparé en 1765, se dresse à mi-chemin entre le Taihe dian et le Baohe dian. C'est un édifice carré à un seul étage, mesurant 16 m de côté. Quatre grandes colonnes intérieures soutiennent un toit pyramidal et divisent la salle en trois nefs. L'empereur se rendait dans ce pavillon avant d'assister aux grandes cérémonies du Taihe dian; on y préparait également les messages qui seraient lus aux services commémoratifs dans les temples ancestraux, enfin on y présentait à l'empereur, une fois par an, les instruments aratoires et les semences nouvelles.

Le Baohe dian (pavillon de l'Harmonie protectrice), de la même époque et du même style, mais plus vaste (49 m × 23 m), est construit sur le même plan que le Taihe dian. Le toit est double et à demi-croupe. L'empereur y faisait passer lui-même les examens aux candidats de l'Académie Hanlin, y accordait des audiences et y recevait les princes vassaux.

L'enceinte de la cour extérieure, qui englobe ces trois bâtiments de cérémonie, est munie de galeries, dont celles de la partie sud abritaient des bibliothèques et les magasins impériaux.

Partie privée du palais

L'entrée principale de la cour intérieure (Da Nei) est la porte Qianqing, pavillon à un étage et cinq entrecolonnements sur la façade, élevé sur une terrasse de marbre.

Les principaux édifices de la partie privée du palais furent reconstruits en 1655. La chaussée axiale se continue ici toujours vers le nord, ponctuée par trois grandes salles contrebalançant les trois salles officielles de la cour extérieure. La première de ces salles, le Qianqing gong (palais de la Pureté céleste) constituait la résidence personnelle de l'empereur sous les Ming; à partir de Kang xi des Qing, c'est là qu'il recevait les fonctionnaires et les envoyés des pays tributaires. La salle, à double toiture à croupe, comprend neuf entrecolonnements sur la façade et est divisée en trois nefs. Incendiée en 1514 et 1596, rebâtie en 1655, réparée en 1669, détruite par un nouvel incendie en 1797, elle fut reconstruite selon les plans anciens.

Edifié selon le même modèle, le Kunning gong (palais de la Tranquillité terrestre) était, sous les Ming, la demeure de l'impératrice. Sous les Qing, l'empereur et l'impératrice n'y passaient plus que leur nuit de noces. Entre les deux salles s'élevait un pavillon carré, le Jiaotai dian, semblable au Zhonghe dian de la cour extérieure; à l'origine salle du trône de l'impératrice, elle servit à partir du règne de Qian long, à conserver les sceaux des empereurs défunts.

Derrière le Kunning gong, s'étendait un magnifique jardin, le Yuhua yuan. De chaque côté de cette partie centrale, étaient disposés une multitude de pavillons dans des cours: appartements de l'empereur, des impératrices, des concubines, des eunuques. A partir du règne de l'empereur Kang xi, les appartements de l'empereur furent situés dans le Yangxin dian (pavillon de la Nourriture de l'esprit), sur le côté ouest de la cour intérieure. Au nord de ce bâtiment, deux pavillons servaient respectivement à l'impératrice et à la concubine impériale, plus au nord d'autres édifices logeaient les princesses impériales et l'angle nord-ouest de la cité-palais était occupé par un vaste parc, le «xi yuan».

Adduction d'eau et chauffage du palais

En dehors de l'empereur qui utilisait de l'eau venue de la banlieue ouest, les habitants du palais disposaient de 70 à 80 puits. Tout un système de canalisations était installé à l'intérieur du palais pour évacuer les eaux de pluie. A chaque pavillon aboutissait une branche qui rejoignait les conduits principaux; ceux-ci se déversaient dans la rivière Jinshui et dans les canalisations générales sous le mur nord de la cité interdite qui elles-mêmes se jetaient dans le fossé autour de la muraille.

La plupart des salles du palais, à partir des Ming, eurent des canalisations de chauffage sous le pavement. Ces canalisations aboutissaient à un fourneau placé sous le dallage de la cour ou dans le soubassement de la salle. La chaleur que le fourneau dégageait, en circulant dans les canalisations, chauffait la salle d'une manière uniforme, sans y causer de fumée ou de mauvaise odeur.

Conception de l'espace

Comme l'écrivait le professeur Sirén («Les palais impériaux de Pékin», 1926), «la multitude des bâtiments renfermés dans les limites de la Cité Interdite donnerait le vertige, n'étaient la régularité de leur ordonnance et l'uniformité de leur style. Ce vaste terrain est divisé en un grand nombre de cours et d'enclos entourés de murailles. Le plan de ces enclos est toujours rectangulaire et la position des bâtiments toujours symétrique».

Cette vision d'ensemble, le voyageur moderne, plus fortuné que l'habitant du Pékin impérial, peut l'embrasser du haut de la colline de Charbon («Mei shan») qui autrefois faisait partie du territoire du palais, sans être située à l'intérieur de ses remparts.

Pour cette cité-palais, les empereurs Ming faisaient venir le bois du Yunnan, du Sichuan et du Guizhou (pour les colonnes et les poutres), la pierre du Hebei (de Zhuozhou et du

Fang shan), le marbre de Xuzhou, les briques de Linqing et de Suzhou (Jiangsu). La blancheur des terrasses, le rouge des édifices, le jaune des toitures vernissées s'harmonisent ici aux frondaisons des cours. Les murs, badigeonnés d'un enduit rouge que les gelées et les pluies ont patiné, passent par toutes les nuances du vermillon au rose et au brun rouille.

Sans revenir sur la disposition symétrique au long et de part et d'autre d'un axe sud-nord, si nettement dessinée ici, il convient d'insister sur la progression de cette extraordinaire composition. Depuis Qian men jusqu'au Taihe dian, cinq portes se succèdent (Daqing men, Tianan men, Duan men, Wu men et Taihe men) qui donnent accès à six espaces fermés, de formes et de dimensions différentes, scandés par trois édifices particulièrement importants: Tianan men, Wu men, Taihe dian. Ces trois bâtiments constituent les trois temps forts de l'architecture du palais, chaque fois précédés d'une introduction, en l'occurrence un bâtiment de transition assez bas introduit par une petite cour. On compte ainsi entre Tianan men et Wu men: une cour carrée de dimensions modestes donnant une impression de resserrement, puis Duan men, puis la vaste cour sud-nord que ferme le deuxième temps fort, Wu men. Le même dispositif s'observe ensuite entre Wu men et Taihe dian: une cour rectangulaire est-ouest, Taihe men, et au-delà un élargissement de l'espace faisant ressortir au nord le troisième temps fort que constitue le Taihe dian. L'alternance s'établit d'une introduction à un temps fort, puis à un repos avant le nouveau temps fort, ainsi mis en relief sur le plan esthétique, fonctionnel et cérémoniel.

Les temples impériaux de Pékin

Ces autels de sacrifice, où l'empereur venait officier et prier les puissances naturelles, étaient ordinairement à l'extérieur de la ville. Quand les bâtiments du temple du Ciel furent commencés au XVe siècle, le site faisait partie de la banlieue.

L'emplacement de ces temples était déterminé par un symbolisme qui lie l'orientation, la couleur et le cycle saisonnier:

- l'est (à gauche quand on regarde vers le sud) = printemps = couleur verte,
- l'ouest = automne = couleur blanche,
- le sud = été = couleur rouge,
- le nord = hiver = couleur noire.

Sous les Ming et les Qing, dans les faubourgs Sud de Pékin, à droite et à gauche de la voie triomphale s'élevaient dans de vastes parcs deux des plus imposants parmi les temples impériaux, le temple du Ciel, à gauche quand on regarde vers le sud, et le temple de l'Agriculture, à droite. De même, au nord de la ville s'élevait le temple de la Terre, à l'est le temple du Soleil, à l'ouest celui de la Lune.

Certaines couleurs étaient plus spécialement employées pour la décoration de ces temples: le bleu pour le temple du Ciel, le jaune pour celui de la Terre, le rouge pour celui du Soleil, et le blanc pour celui de la Lune.

Ces temples se composent essentiellement des éléments suivants:

1. un autel («tan»), terrasse à un ou plusieurs étages, rectangulaire ou circulaire, entourée de balustrades de marbre. Elevé au milieu d'un enclos, il est ceint de murs.
2. un temple impérial où l'on conserve les tablettes en dehors du temps des sacrifices.
3. un palais où l'empereur se retire avant la célébration du sacrifice.
4. de nombreux édifices servant de remises pour les accessoires du culte, de cuisines pour la préparation des mets...

Le temple du Ciel (Tian tan)

Seul de ces temples impériaux de Pékin qui soit bien conservé, il fut édifié en 1420, restauré en 1530, puis en 1751. L'ensemble, entouré par une double muraille, mesure 1700 m sur 1600 m. L'enceinte extérieure, très vaste (près de 6,500 km de développement), délimite un premier enclos, parc entrecoupé de prairies, dans lequel étaient nourris les animaux qui devaient servir aux sacrifices. La muraille, arrondie sur le côté nord, présente sur la face ouest deux portes à trois accès qui ouvrent sur l'axe sud-nord de Pékin. Une seconde enceinte, intérieure, longue de quatre kilomètres, délimite le second enclos qui comprend les différents édifices du temple proprement dit, et se divise en deux parties aux fonctions distinctes:

- la partie sud, centrée autour de l'autel circulaire est le lieu où l'empereur sacrifie au Ciel,
- la partie nord, autour du Qinian dian, où, chaque année, au printemps, l'empereur demande au Ciel de bonnes récoltes.

Ces deux ensembles sont reliés par une avenue, large de 30 m et pavée de briques, qui forme l'axe médian. L'environ-

Pagode Shijia du Fogong si, Yingxian (Shanxi): élévation et coupe 1:400

Edifice datant de 1056

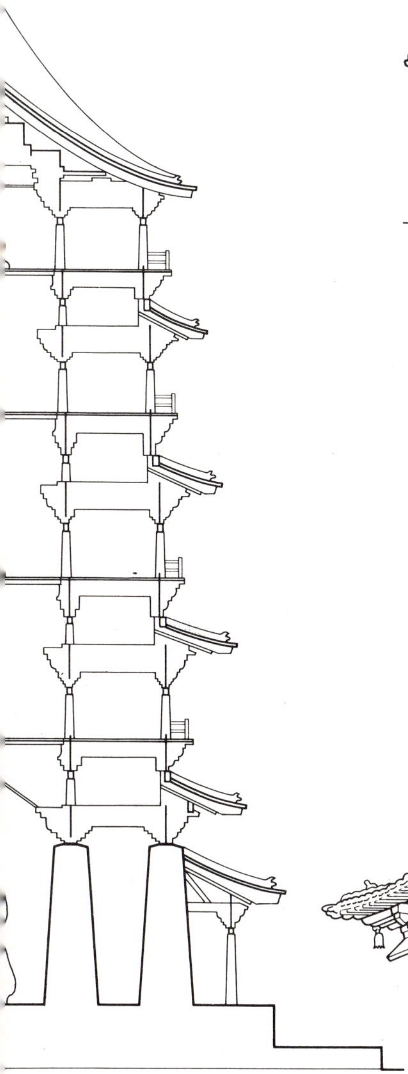

Salle principale du Foguang si, au Wutai shan (Shanxi): élévation et coupe transversale 1:400

Edifice construit entre 850 et 860

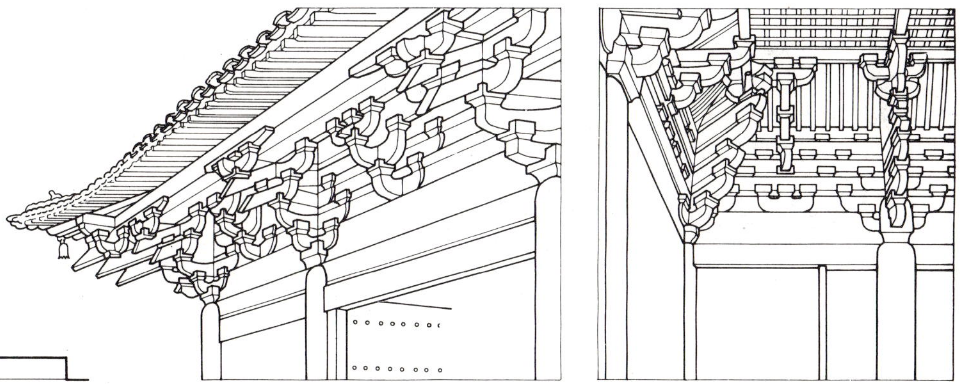

Détail du système de consoles extérieures et intérieures de la salle principale du Foguang si

Notices

Aperçu sur la symbolique de l'espace

L'architecture, comme tous les autres systèmes de symboles, est significatif d'un certain ordre de civilisation. L'ordre chinois est celui des relations hiérarchisées et ordonnancées dans un univers non pas aménagé au service de l'homme, mais à l'image duquel l'homme, pour s'y mieux intégrer, a créé tout un système de correspondances. A l'image de la terre carrée, dont chaque côté correspond à un orient, camps, villes et constructions doivent être orientés.

De même que le souci d'orientation du palais et de la ville implique un aménagement de la société en fonction de l'univers, de même l'orientation des tombes indique une dépendance entre la sépulture et l'espace. Cette référence à l'orientation est encore soulignée, à l'époque Han, par la symbolique des quatre régions (dragon vert de l'Est, oiseau rouge du Sud, tigre blanc de l'Ouest, tortue noire du Nord), qui apparaît sur les piliers bornant le champs funéraire.

Cette symbolique met l'enveloppe du mort en relation avec l'Univers, «avec un univers en constante palpitation par le jeu créateur du Yin et du Yang». Les concepts de Yin et de Yang signalent les aspects antithétiques et concrets de l'espace et du temps. Yin signifie les versants ombreux des montagnes, le temps froid et pluvieux, la droite, tout ce qui est féminin et passif. Yang qualifie les versants ensoleillés, la chaleur et la sécheresse, la gauche, tout ce qui est masculin et actif. L'harmonie universelle est faite de ces énergies contrastées et complémentaires; l'homme est soumis à ce rythme d'une nature en constante mutation, en constant balancement. La création d'un espace humain s'est donc faite en Chine en s'accordant le plus possible au rythme naturel. Cette intégration spatiale ne nie d'ailleurs pas à l'homme le rôle d'organisateur, car il agit sur le temps et l'espace au moyen de symboles multiples et liés. Dans la Chine antique, il suffisait que le souverain aille recevoir chaque saison à une porte différente de la capitale, portes et points cardinaux coïncidant, pour que s'effectue le contrôle de la machine universelle. La chaîne symbolique, pour la Chine antique, apparaît infiniment large et cohérente.

Aux quatre points cardinaux et au centre correspondent ainsi les cinq éléments, les cinq cieux, les cinq sortes d'animaux, de notes musicales, d'odeurs, de nombres, de lieux de sacrifice, d'organes du corps, de couleurs, de saveurs. Il devient alors évident qu'à travers ces correspondances, des séries de phénomènes et de situations possèdent des propriétés communes et qu'il est possible d'agir de l'une sur l'autre. Par exemple:

Orient = Nord
élément = eau
couleur = noire
saveur = salé
odeur = odeur de pourri
aliments végétaux = millet jaune
animaux domestiques = porc
parties de la maison = allée (ou puits)
nombre = six
organe = reins
vertu = sapience
emblème = lune
saison = hiver

L'insertion spatio-temporelle est alors parfaite et la sécurité de l'homme est totale puisque tout est expliqué et fixé. Il suffit à l'homme de s'intégrer, à la place qui lui convient au sein d'un ordre hiérarchisé, à la fois établi et en perpétuel devenir.

L'idée que l'espace et le temps possèdent en commun une constitution rythmique, la notion de l'efficience universelle du rythme, qui se trouve au fond de la conception du Yin et du Yang, éclairent, dans l'organisation de l'espace en Chine, l'importance des oppositions et des alternances simples, de la symétrie de part et d'autre d'une ligne axiale. Ces notions expliquent également la valeur accordée à l'image du centre (palais au centre de la capitale, cour autour de laquelle s'ordonne la demeure). A l'idée de rythme, vient enfin s'associer la notion de cycle, de passage, de circuit, concrétisée dans la voie triomphale des capitales, comme dans les itinéraires sinueux menant à la découverte esthétique des jardins.

中国共产党万岁！

© Graf zu Castell

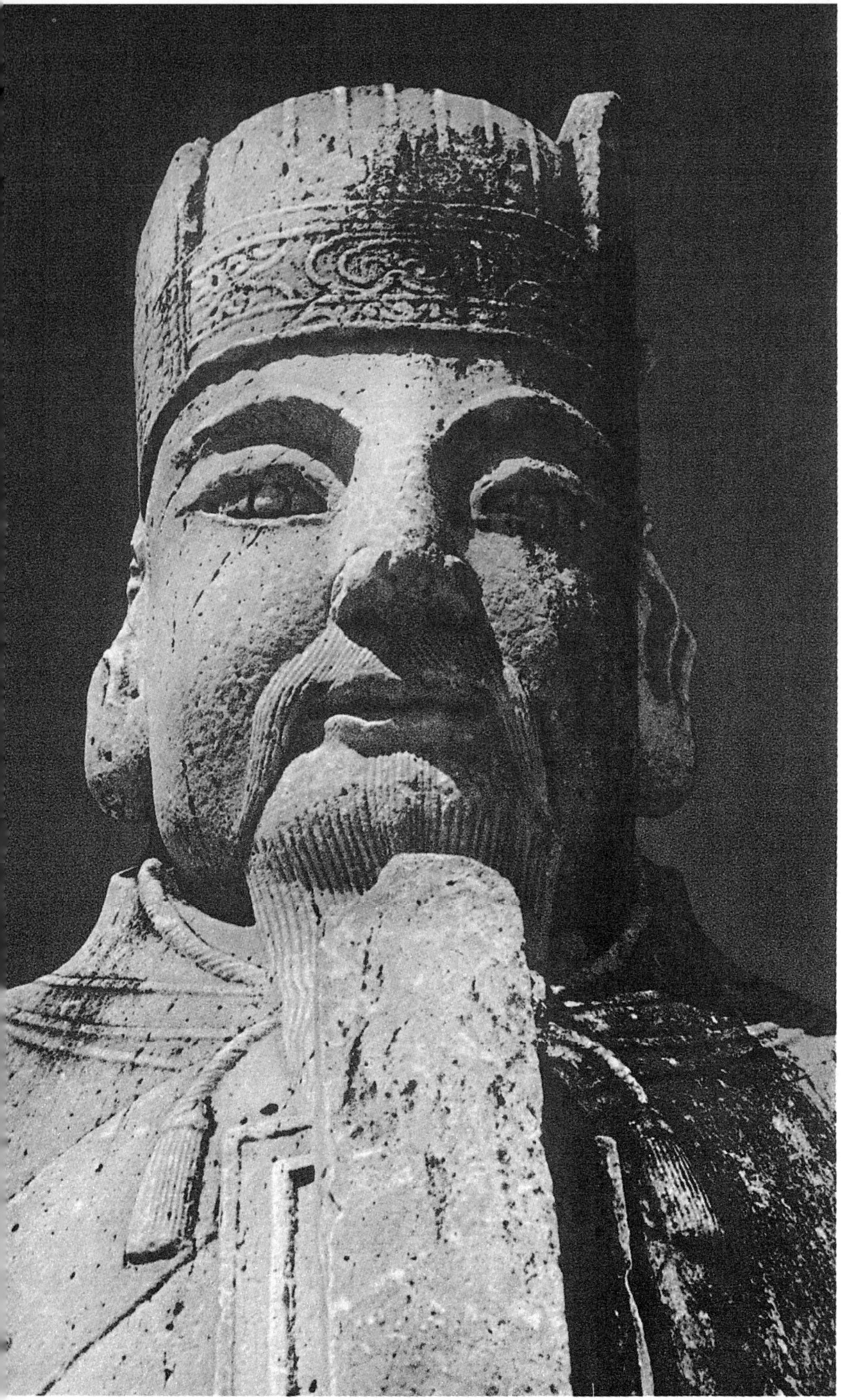

長陵

Sépultures impériales des Ming au nord-ouest de Pékin (Shisan ling): plan 1:50 000

1 grande Porte Rouge
2 pavillon de la Stèle
3 chemin des Ames, bordé de statues de pierre
4 Changling (tombeau de l'empereur Yong le)
5 Dingling (tombeau de l'empereur Wan li)

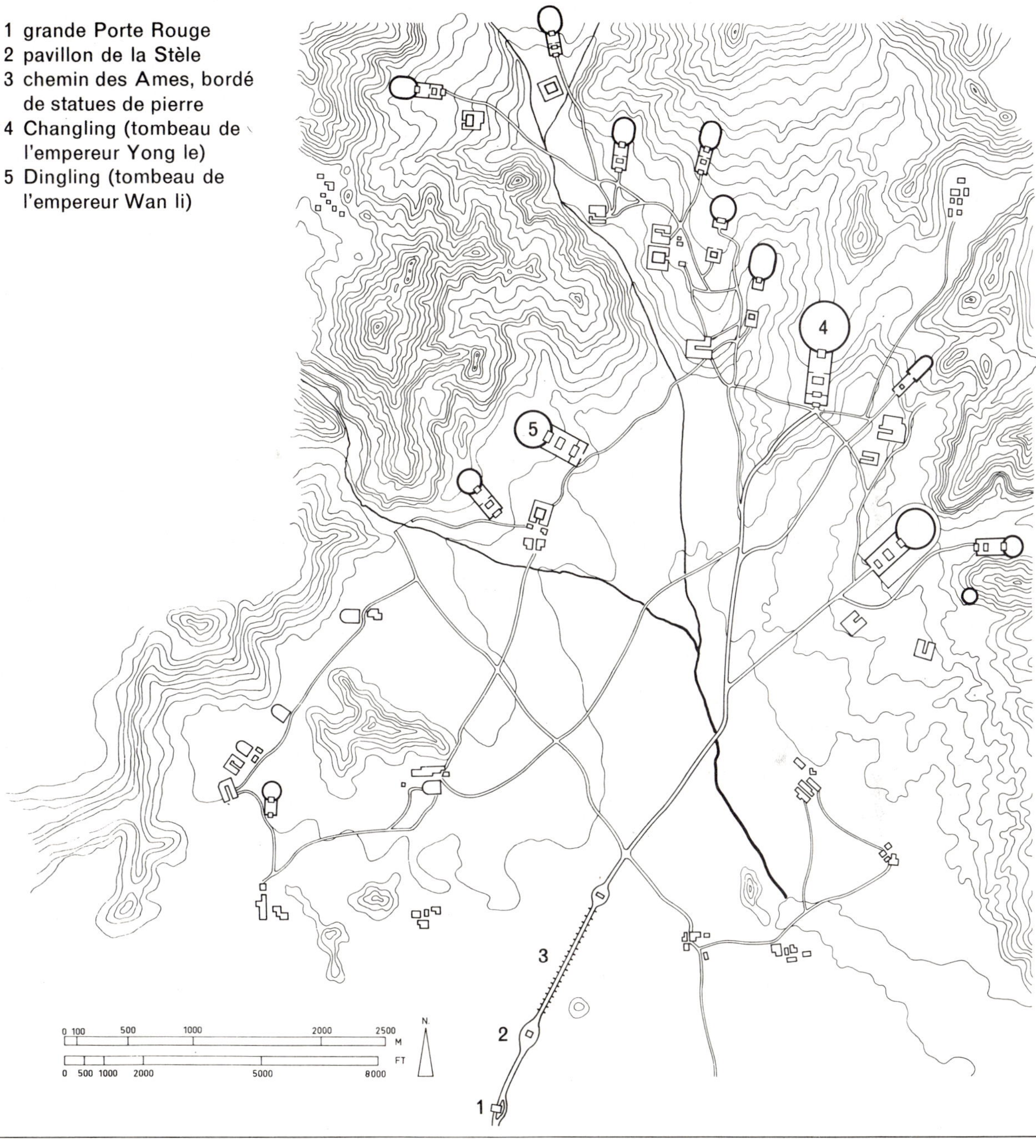

Dingling, tombeau de l'empereur Wan li: plan du tumulus et des trois cours 1:3000. Coupe et plan du mausolée de Wan li 1:600

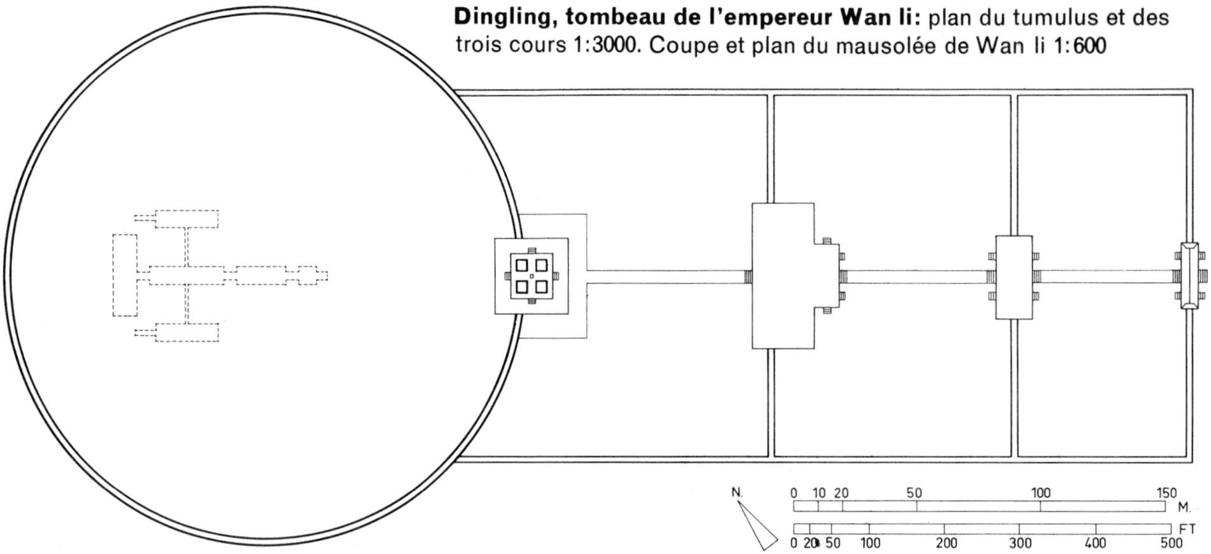

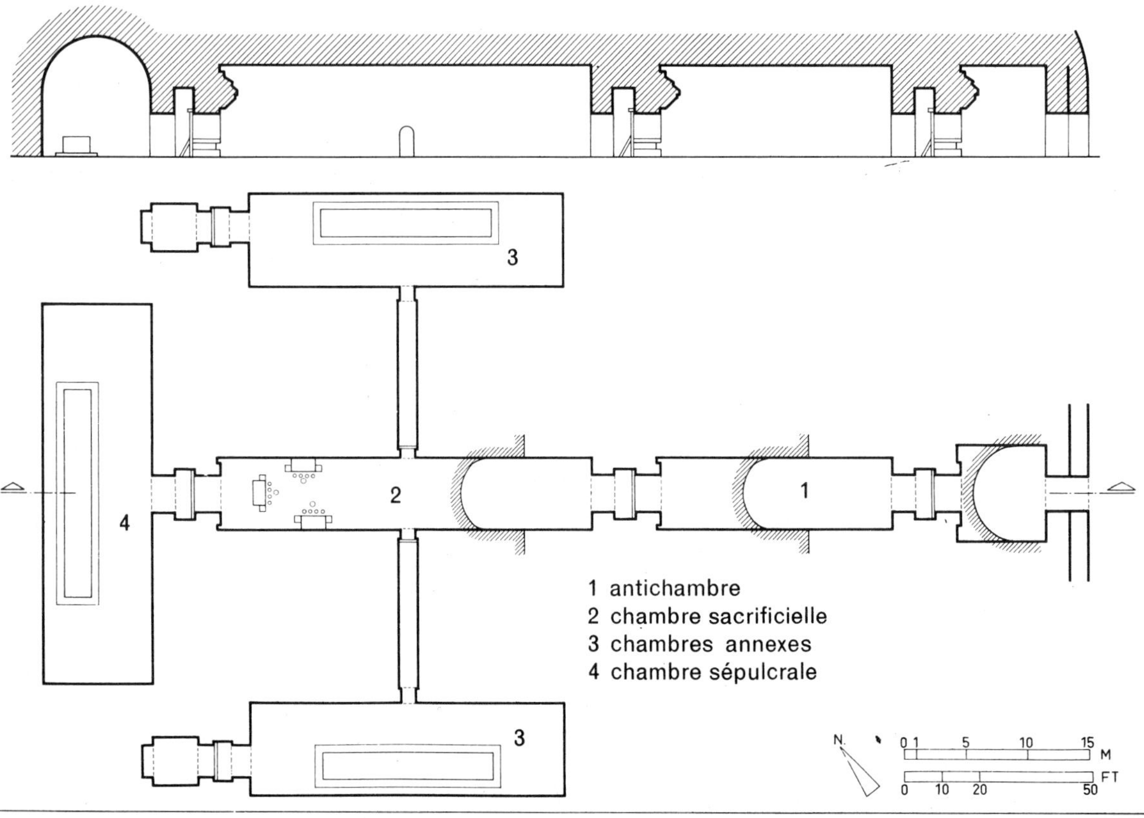

4. Architecture religieuse — Architecture funéraire

L'architecture religieuse

L'architecture religieuse en Chine comprend à la fois les temples et les pagodes bouddhiques, les temples confucéens et taoïstes. En fait, du point de vue purement architectural, il n'existe pas de différence majeure entre un temple taoïste, confucéen ou bouddhique. Le plan dont nous avons vu les grandes lignes dans l'introduction (symétrie de part et d'autre d'un axe médian, disposition des bâtiments autour d'une cour) est adopté quel que soit le culte rendu. Nous insisterons surtout sur l'évolution architecturale du temple et de la pagode bouddhiques qui ont été jusqu'ici mieux étudiés que les temples taoïstes ou confucéens. A la plupart des sanctuaires bouddhiques étaient adjoints des bâtiments conventuels; le plan du monastère comprend donc le temple (sur l'axe central) et ses annexes monastiques.

Plan type du monastère bouddhique («si»)

Ce plan ne vaut qu'en tant que schéma, car il ne tient pas compte des divers facteurs de variation sociaux et culturels: variantes liées aux différentes sectes bouddhiques, au rôle des supérieurs de monastères qui peuvent innover ou transformer le plan original, aux influences de l'architecture locale, aux exigences du «fengshui», (d-p-10) enfin aux luttes de l'église bouddhique avec les taoïstes et les confucéens; dans la première moitié du XVe siècle, par exemple, les taoïstes occupèrent 482 monastères bouddhiques et les adaptèrent à leur propre usage, pour les rendre plus tard aux bouddhistes.

Le plan le plus répandu consiste en une disposition de bâtiments en trois groupes, formant trois axes longitudinaux. Les édifices le long de l'axe médian constituent la partie officielle du monastère, à laquelle le public a accès. Les deux groupes latéraux servent d'habitation aux moines et de quartier administratif.

L'entrée du monastère est en général au sud, et un mur-écran («yingbi») protège la porte principale contre les mauvais génies. Dans certains cas, deux tours flanquent l'entrée, l'une contenant une cloche, l'autre un tambour. Le premier bâtiment de l'axe médian est la salle d'entrée («shan men»), qui abrite les statues des deux gardiens de la porte. Vient ensuite la salle des quatre rois célestes («tianwang dian»), gardiens des quatre orients; à cet édifice succède la salle principale dans laquelle l'autel central est occupé par une statue du Bouddha Cakyamuni ou par une triade. Le long des murs, sont souvent alignées les images de dix-huit (ou seize) Lohan (ascètes), ou des vingt-quatre Deva (divinités protectrices). L'autel central est fréquemment adossé à un écran qui déborde à gauche et à droite; derrière lui, est disposé un second autel regardant dans la direction opposée et consacré à une divinité qui varie selon les sectes, mais qui est le plus souvent Guanyin (déesse de la Miséricorde, incarnation d'Avalokiteçvara, le Bodhisattva compatissant).

Toujours sur l'axe central, après cette salle principale, s'élève en général un bâtiment à deux étages dont l'étage supérieur contient la bibliothèque, et dont le rez-de-chaussée est consacré à la salle de Méditation («chantang») ou à la salle de la Loi («fatang»).

Lorsque le monastère procède fréquemment à des ordinations, un édifice spécial est réservé à cette fonction. L'emplacement de cette salle, qui s'accompagne d'une terrasse d'ordination, varie selon les monastères, mais, qu'elle soit sur l'axe médian ou sur un des axes latéraux, elle est toujours isolée des autres bâtiments.

L'arrangement des édifices latéraux de l'axe médian varie d'un endroit à l'autre. On y trouve des salles pour la réception des hôtes, une salle contenant les tablettes des anciens supérieurs du monastère, le réfectoire, les dortoirs pour les hôtes et les employés du monastère.

Les deux axes latéraux sont réservés à la vie privée de la communauté: administration, greniers, cuisines, bains, logements pour les malades, dortoirs des moines, écoles. Ces axes comprennent souvent une salle des Cinq cents Lohan, ascètes dont le culte devint populaire à la fin des Tang et au début des Song. Considérés alors comme défenseurs de la doctrine, leur salle était sur l'axe médian; plus tard, son emplacement fut transféré sur l'un des axes latéraux.

Emplacement de la pagode

A l'époque des Six Dynasties, la pagode semble avoir été le centre du culte: elle s'élevait, isolée, sur l'axe médian, devant la salle du Bouddha. Peut-être cette disposition vient-elle, comme le suggère le professeur Soper, d'un usage pratiqué dans les grandes oasis du Xinjiang. Le pèlerin chinois Fa xian, qui visita Khotan en l'an 400, remarque cette disposition (une tour précédant une salle) dans un ensemble situé à l'extérieur de la ville.

Sous les Sui et les Tang, dans les grands établissements bouddhiques, la pagode est dédoublée; deux pagodes s'élèvent, dont l'une à l'est, l'autre à l'ouest, de part et d'autre de l'axe médian. Cette formule, où prévalait le goût chinois de la symétrie, fut abandonnée dès que l'économie Tang se trouva en difficulté. A partir de ce moment, et sauf quelques exceptions en Chine du sud, la pagode, quand elle existe, est placée derrière la salle principale ou sur un des axes latéraux de l'ensemble monastique.

La construction bouddhique du Ve au X siècle

Introduit dès le Ier siècle de notre ère, le bouddhisme est resté pendant quelques siècles la religion de petites communautés étrangères fixées en Chine. C'est sans doute en Chine du Nord, au débouché des routes d'Asie Centrale par lesquelles la nouvelle religion pénétrait en domaine chinois, que sont nés un culte et une dévotion bouddhique manifestée, dès le IVe siècle, dans des œuvres artistiques (sculptures et peintures dans les grottes de Dunhuang, dont l'aménagement fut entrepris en 353).

La seconde moitié du Ve siècle voit se multiplier les grottes bouddhiques: les travaux commencent à Yungang en 450, à Longmen en 495; parallèlement, temples et monastères se répandent dans les villes et les campagnes. La construction atteint, au cours des trente premières années du VIe siècle, un premier sommet; ainsi la ville de Luoyang, qui comptait une centaine d'établissements bouddhiques en 476, en comptera 1367 vers 534. A ce moment, les dynasties du Nord et du Sud rivalisent non seulement sur le plan politique mais encore dans le domaine des bonnes œuvres et du mécénat. Malgré une seconde période d'accroissement, de la seconde moitié du VIIe siècle au début du VIIIe siècle, le chiffre total des grands et des petits monastères restera à peu près constant du milieu du VIe siècle (30 à 40000) à la fin du XIIIe siècle (environ 42000). Si l'on excepte les grands monastères (environ 4000 de la fin du VIe au milieu du IXe siècle), chaque monastère compte au maximum vingt à cinquante religieux. Les plus riches monastères et les plus vastes ensembles architecturaux sont édifiés aux frais de l'Etat, mais, dès le Ve siècle, nobles et hauts fonctionnaires bâtissent beaucoup; aussi, dès le début du VIe siècle, des décrets sont-ils promulgués pour mettre un frein à la construction privée. Celle-ci, en effet, en engloutissant une grande richesse en métaux (fonte des statues, cloches, décoration...) accapare un capital devenu ainsi improductif et, en paralysant la main-d'œuvre paysanne freine la production agricole. Cette situation devient alarmante à la fin du VIIe siècle et au début du VIIIe siècle; le goût des dépenses somptuaires et du faste, la passion de construire se portent à cette époque sur les fondations religieuses comme sur l'architecture civile. La piété bouddhique incite des individus ou des groupes à construire, et ces établissements, à Changan par exemple, offrent des lieux de pèlerinage, des centres de réjouissance lors des fêtes, en même temps que le calme de la retraite. Leurs dépendances comportent des dispensaires, des hôpitaux et des bains publics, leurs jardins constituent des buts de promenade. L'économie chinoise subira les conséquences de cette intense période de construction qui aura entraîné un accroissement des corvées paysannes, la raréfaction des métaux et le déboisement.

Temples et monastères du Ve au Xe siècle

L'évolution de l'architecture chinoise à l'époque des Six Dynasties et des Tang est encore assez mal connue. Les constructions en bois ayant, pour la plupart, disparu, les sources d'information figurée se réduisent aux peintures des grottes de Dunhuang, aux réalisations japonaises contemporaines, au linteau gravé du Dayan ta et aux vestiges du Foguang si, au Wutai shan.

Une fresque appartenant à la grotte 130 de Dunhuang et datée, par son style, de la seconde moitié du VIe siècle, représente un temple entouré d'un haut mur, dont l'entrée est surmontée d'un pavillon qui devait servir de tour de guet. L'enceinte circonscrit deux cours, chacune occupée par un bâtiment qui n'est pas placé au centre. Ici, la disposition symétrique ignore encore l'axe médian, caractéristique des temples postérieurs. D'autres fresques de Dunhuang semblent confirmer que, jusqu'au début des Tang, l'accent n'est mis, ni sur l'axe central, ni sur la disposition symétrique des bâtiments, tandis que ces deux données prévaudront à partir du milieu de la dynastie.

Le Foguang si (Wutai shan, Shanxi)

En juin 1937, le professeur Liang Sseu-ch'eng découvrait sur l'une des grandes poutres horizontales de la salle principale du Foguang si, au Wutai shan, une longue inscription de fondation, avec le nom de la fondatrice et, sur une colonne en pierre devant la salle, le même nom avec la date de 857. Cette découverte révélait la plus ancienne construction en bois d'époque Tang et de grandes dimensions subsistant en Chine.

Le Wutai shan, «montagne des Cinq Terrasses», fut l'un des grands centres du bouddhisme chinois et l'un des plus célèbres lieux de pèlerinage. On y adorait le Bouddha Manjusri. A l'époque des Six Dynasties et sous les Tang, de nombreux et riches monastères voisinaient sur cette montagne. Les monastères les plus riches et les plus visités ont été périodiquement reconstruits et datent, dans leur état actuel, des Ming et des Qing; par contre, les établissements plus modestes, situés à l'écart, ont parfois gardé leur aspect originel. Tel est le cas du Foguang si (Monastère de la Lumière du Bouddha) situé dans le fond d'une vallée sauvage. Orienté vers l'ouest comme la vallée, le monastère est construit sur deux niveaux. La partie inférieure comprenait à l'origine deux salles disposées symétriquement à droite et à gauche: le Wenshu dian (restaurée en 1137 sous les Jin) et le Guanyin dian. Dans la partie supérieure, dominant l'ensemble du monastère, s'élève la salle principale (Zheng dian), large de sept entrecolonnements et profonde de quatre. Derrière cette salle, et sur le côté droit, se dressent à flanc de montagne de nombreuses pagodes octogonales, circulaires ou hexagonales. Sur l'axe médian, et derrière la salle, s'élevait une pagode Tang dont il ne reste que la base.
Le monastère, fondé sous les Wei entre 471 et 499, avait été incendié lors des persécutions de 845; il fut reconstruit quelques années plus tard, vraisemblablement entre 850 et 860. De ces constructions, la salle principale, miraculeusement, subsiste. Elle comprend un seul étage, est entourée d'épais murs de brique pour résister aux rigueurs de l'hiver, et s'ouvre par cinq portes sur la façade et par deux groupes de fenêtres treillissées. Le toit à croupe repose directement sur les pannes et présente une pente très graduelle qui s'accentue légèrement par le changement de position de deux pannes au sommet. Les bords du toit sont soutenus par un système de consoles dont les encorbellements sur colonnes sont si massifs que leur hauteur occupe environ 1/3 de la distance entre le sol et les pannes du toit. Les encorbellements intermédiaires ont une forme plus simple, si bien que le rythme de la façade est formé d'une alternance d'accents majeurs et mineurs. L'intérieur de la salle est divisé en une nef et deux bas-côtés moins hauts que la nef. Le plafond est plat, formé de compartiments carrés, et soutenu par des consoles.

Le bâtiment japonais le plus proche de la salle principale du Foguang si est le Kondô ou salle principale du Tôshôdai-ji près de Nara, construit dans le dernier tiers du VIIIe siècle ou les premières années du IXe siècle. Les deux édifices sont très semblables par leurs dimensions et leurs volumes; tous deux ont sept entrecolonnements sur quatre en profondeur, un toit à croupe (la salle japonaise est un peu plus haute que la chinoise), et les remarques précédentes sur la salle du Foguang si valent pour le Kondô du Tôshôdai-ji. Les différences entre les deux bâtiments sont dues sans doute à leur date différente. Le Kondô montre un système d'encorbellement sur colonnes qui est l'aboutissement des leçons de l'architecture Tang au Japon; au Foguang si, par contre, s'annonce le style Song par un doublage en hauteur, au moyen de deux bras leviers (ang) posés parallèlement. De plus, l'encorbellement d'angle présente ici trois bras leviers sur l'axe diagonal. Enfin, les encorbellements intermédiaires du Foguang si, au lieu d'être un simple étai à deux gradins comme au Tôshôdai-ji, présentent un jeu qui ne diffère des encorbellements sur colonnes que par une simplicité plus grande, mais qui préfigure le système unique qui, sous les Song, sera répété tout au long de la façade. Sur le linteau du Dayan ta (Sian, Shânxi), les consoles sur colonnes alternent encore avec les étais intermédiaires.

▼ Les origines de la pagode chinoise, d'après Willetts «L'art de la Chine»

a modèle en terre-cuite d'une tour de guêt, époque Han
b grand stupa de Sanchi, Inde (env. 50 av. J.-C.)
c stupa-reliquaire du Gandhara (env. 200 ap. J.-C.)
d pagode «indienne» sur une fresque de Dunhuang (V^e^–VIe siècle)

Les pagodes («ta»)

La pagode chinoise, dont la destination est votive, commémorative et de reliquaire, a deux sources: l'une proprement chinoise, l'autre indienne.

La construction, à l'époque Han, de pavillons à étages, entourés de balcons, préfigure la pagode du type «ting» qui consiste en une superposition de pavillons en bois carrés, de taille légèrement décroissante de bas en haut. Des structures à étages de ce genre sont représentées sur les bas-reliefs à Yungang et à Longmen; la pagode en bois à cinq étages du Hôryû-ji à Nara (Japon), construite au début du VIIe siècle, appartient également à ce type.

Si l'on se tourne vers l'Inde, on trouve un monument bouddhique qui constitue l'endroit le plus saint d'une fondation monastique: c'est le «stupa», construit pour recueillir les reliques du Bouddha. A Sanchi (IIe siècle av. J.-C. Ier siècle ap. J.-C.), les plus anciens «stupa» indiens comprennent un dôme en brique («anda») surmonté d'un coffrage carré («harmikâ»), au-dessus duquel s'élève un mât avec trois parasols honorifiques («chattra») symbolisant la royauté spirituelle de la personne dont les reliques reposent sous le «stupa». Pendant les premiers siècles de notre ère, l'usage de construire des «stupa» bouddiques se répandit dans le nord-ouest de l'Inde. Les proportions s'allongèrent et se rapprochèrent des tours indiennes («sikhara»). Les «stupa» du nord-ouest de l'Inde n'ont laissé, pour la plupart,

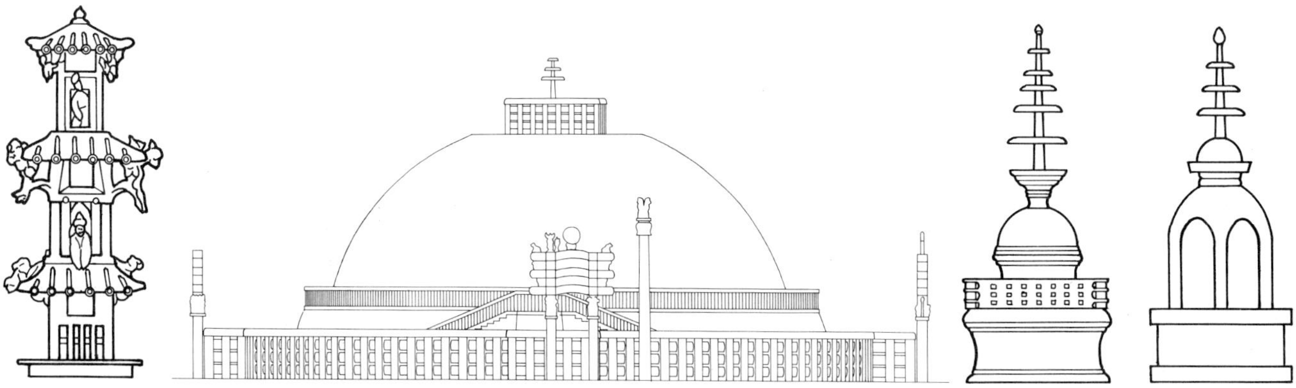

a b c d

que des vestiges, mais de petits bronzes votifs conservent leur image. Exportés sous cette forme, au moins dès le VIe siècle, ils apparaissent sur les fresques de Dunhuang; l'une de ces peintures montre un «stupa» de type indien monté sur un pavillon chinois du type «ting» à un seul étage. Les Chinois n'ont peu à peu gardé du «stupa» indien que le mât, et au pied du mât un vestige de «stupa»; la pagode consistera alors en deux éléments: l'infrastructure (en bois ou en maçonnerie) et le couronnement constitué par le «stupa».

Le «sikhara» indien, tour à toiture conique construite pour abriter la statue d'une divinité, a eu également une influence sur l'élaboration des pagodes chinoises. Celles-ci, construites d'abord en bois, sont, à partir du VIe siècle, de plus en plus souvent édifiées en brique ou en pierre (transformation due peut-être à une influence indienne). La plus ancienne pagode en brique subsistant en Chine est celle du Songyue si, érigée en 523 sur une terrasse du Song shan (Henan), lieu de culte important à l'époque des Wei du Nord. Vraisemblablement construite sur un modèle indien, elle est de plan octogonal et comporte deux étages principaux que sépare une corniche de briques encorbellées. Le second étage est orné aux angles de colonnes de brique hexagonales; sur chaque face est plaquée une fausse façade ornée de fenêtres en plein cintre; au-dessus des fenêtres, dans des niches basses, sont accroupis deux lions. Le sommet, en forme de cône, est divisé en quinze faux étages par des corniches. Les étages en retrait sous l'avancée saillante des corniches sont caractéristiques de l'architecture en brique de cette époque; de plus, la structure très souple, admirablement adaptée aux possibilités de la brique, témoigne des progrès de cette technique sous l'impulsion du bouddhisme. La pagode, haute de 40 m, est divisée à l'intérieur en dix étages par des planchers de bois.
Si la pagode du Songyue si apparaît comme une version chinoise du «sikhara» indien, le Simen ta (pagode à quatre portes) du Shentong si, à Licheng (Shandong), est un exemple de pagode du type «ting». C'est la plus ancienne pagode chinoise en pierre, et elle date de 544. Chapelle carrée, rappelant en pierre un «ting» de bois, elle est surmontée d'un toit à plusieurs étages d'encorbellements supportant un «stupa». Chaque face de la chapelle est ornée d'une porte voûtée en plein cintre; à l'intérieur, un pilier central carré, sculpté sur chaque face d'une image du Bouddha, recevait le poids du «stupa».

Les seuls bâtiments de l'époque Tang qui subsistent sur l'emplacement de l'ancienne Changan sont des pagodes en brique qui datent du milieu de la dynastie. La plus grande et la plus belle, le Dayan ta (grande pagode des oies sauvages), appartenait au temple de la grande Bienveillance, le Dacien si, au nord-ouest du lac Qujiang. En 649, à son retour de l'Inde, le pèlerin Xuanzang s'installa dans ce monastère afin de mener à bien la traduction des canons bouddhiques. A son instigation, une pagode de cinq étages fut construite en 652 pour y déposer les précieux textes qu'il avait rapportés; on lui donna le nom de Jing ta (pagode des Classiques). La biographie de Xuanzang spécifie que l'on avait suivi pour la construction un modèle indien, peut-être la tour-reliquaire de Bodhgayâ que Xuanzang avait vue. Partiellement reconstruite entre 701 et 704, avec dix étages, la pagode n'en comptait plus que sept lorsqu'on la restaura en 930-933.

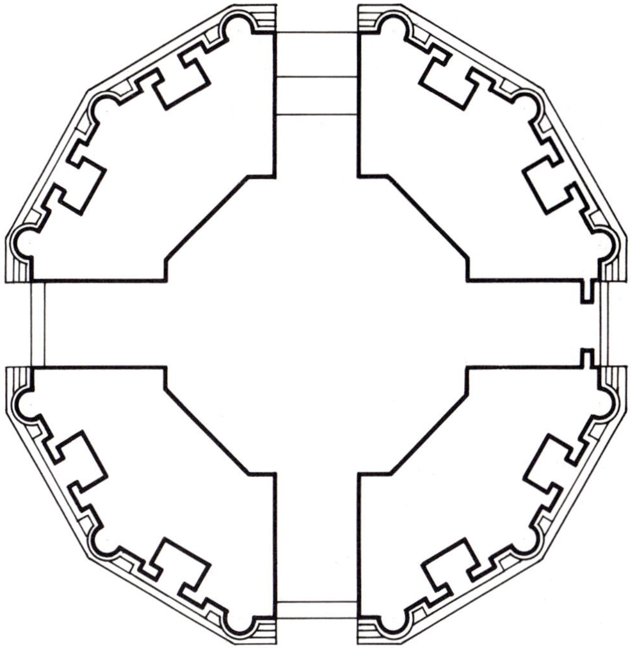

▲ Plan de la pagode du Songyue si, au Song shan (Henan), érigée en 523

Sur une terrasse de cinq mètres de haut, la tour en brique s'élève carrée, massive, haute de 60 m et mesurant à sa base 25,50 m de côté. Les murs, très épais, sont faits de pisé revêtu de briques jaunes soigneusement posées, quoiqu'en appareil irrégulier. A l'intérieur, un grand escalier

de bois permet d'accéder aux étages. A l'extérieur, la surface pleine de ces murs est en quelque sorte allégée par de fins pilastres, au nombre de dix sur chaque côté du rez-de-chaussée, huit aux étages suivants, six puis quatre aux trois derniers étages. Chaque face possède une porte d'entrée en plein cintre à laquelle correspond, aux étages supérieurs, une fenêtre de même tracé. Au-dessus de chacune des portes, un linteau en marbre noir est gravé de scènes de la vie du Bouddha. Celui de la face Ouest, particulièrement beau et bien conservé, représente le Bouddha Cakyamuni assis dans l'attitude de la prédication, entouré de Bodhisattva, dans un pavillon à un seul étage, précieux témoin de l'architecture en bois à l'époque Tang. Les corniches des sept étages sont constituées par l'encorbellement des assises de briques formant des escaliers renversés et bordées par le zigzag de briques placées d'angle. Ici, comme à Bodhgayâ, la forme générale évoque une haute pyramide tronquée, où les étages se succèdent, séparés par des encorbellements, et rehaussés de niches ou d'ouvertures sur chaque face.
Non loin du Dayan ta, s'élève une autre pagode en brique, le Xiaoyan ta (petite pagode des oies sauvages), édifiée en 707 pour un des plus illustres monastères de Changan. Comme le Dayan ta, le Xiaoyan ta illustre le goût des Tang pour un langage simple et clair. Carrée, la pagode se dresse sur une haute base en brique et compte actuellement treize étages (H. 45 m), sur quinze à l'origine. Deux portes voûtées en plein cintre s'ouvrent sur les faces nord et sud et des fenêtres leur correspondent aux étages; les murs, plus minces qu'au Dayan ta, sont également faits de pisé recouvert de briques jaunes. Les divisions horizontales des étages offrent les mêmes caractéristiques que celles du Dayan ta.

Les «jingchuang»

Au début des Tang, on commence à édifier, à droite et à gauche de l'entrée d'un temple ou d'une salle bouddhique, une paire de piliers octogonaux en pierre gravés de «dhârani» (formules bouddhiques magiques), et appelés «jingchuang». Ces piliers, hauts de trois à six mètres, se composent d'une base à décor de niches et de pétales de lotus, d'un corps où sont gravés les «dhârani» et d'un sommet orné (par exemple, le «jingchuang» daté de 877 dans la cour du Foguang si, au Wutai shan).

Ces édifices octogonaux de petite taille ont peut-être influencé la forme des pagodes qui, le plus souvent carrées sous les Tang, deviennent octogonales à partir du Xe siècle. Un autre exemple de «jingchuang», datant du Xe siècle (969), s'élève en paire devant la salle Tianwang (ou Daxiongbao dian) au Lingyin si, à Hangzhou (Zhejiang). Chacun est décoré de bas-reliefs bouddhiques, et ses neuf étages sont marqués par des toitures imitant les charpentes en bois avec un système de consoles supportant le bord du toit. Les habitudes de construire en bois vont d'ailleurs influencer de plus en plus fortement les constructions en pierre ou en brique à l'époque des Cinq Dynasties, puis sous les Song. Cette influence apparaît nettement au Heli ta du monastère Qixia si, à Nankin, construit entre 937 et 975. Cette petite pagode octogonale en pierre (H. 15 m env.) comprend une base décorée de bas-reliefs évoquant les huit moments de la vie du Bouddha, dans des compositions et des architectures typiques de la Chine des Cinq Dynasties. Au-dessus, le fût de la pagode repose sur un socle à pétales de lotus. Les huit faces portent, sculptés en relief, les quatre rois gardiens, des divinités, des fausses portes. Cinq toits superposés en pierre, imitant une toiture d'édifice en bois, surmontent le fût de la pagode et sont séparés l'un de l'autre par une bande ornée de niches contenant des bouddha. Le style de cette admirable pagode reste très proche des «jingchuang» du Lingyin si, tant par la forme architecturale que par le décor. Tous deux semblent porter des éléments propres à l'architecture méridionale du Xe siècle, par exemple une arcade à cinq lobes évoquant le «kudu» indien.

L'architecture religieuse à l'époque Song

Au Xe siècle, une renaissance bouddhique se manifeste qui se poursuivra dans le nord-est sous les dynasties barbares Liao et Jin, et dans le reste du pays sous les Song du Nord, puis du Sud. Partout de nouveaux monastères sont construits, les fondations anciennes sont restaurées ou agrandies, au Wutai shan (Shanxi), par exemple, et au Omei shan (Sichuan).

Pagodes

Il reste en Chine, datant des Cinq Dynasties et des Song environ soixante pagodes, le plus souvent octogonales et caractérisées par des structures venues du bois.

Construites entre 984 et 987, les pagodes jumelles (Shuang ta) de Suzhou (Jiangsu) sont nées du dédoublement de la pagode à l'est et à l'ouest de l'axe médian du temple. Le «stupa» avec son dôme et sa hampe portant des parasols couronne ici encore la structure en brique de la pagode octogonale.

La pagode Huqiu, à Suzhou également, fut achevée en 961. En brique, octogonale, haute de 47 m, elle se compose de sept étages enrichis de consoles. Chaque face est percée d'une fenêtre en arc à cinq lobes, ornée aux angles d'une colonnette engagée. L'intérieur de la base comprend un déambulatoire octogonal autour d'une salle centrale carrée, dont les parois et les consoles sont rehausées de peintures ocre et bleu pâle.

Au même type se rattache la pagode de Fer (Tie ta) du monastère Youguo, à Kaifeng (Henan), ainsi nommée à cause de la couleur de ses briques vernissées. Si le monastère a disparu, la pagode, elle, s'élève encore dans le nord-est de la ville. Construite en 1049, elle est octogonale et comporte treize étages (H. 54 m). Les angles en sont marqués par une colonnette ronde; une niche contenant un bouddha orne les fausses fenêtres de chaque étage, décor qui se retrouve sur la pagode octogonale du Kaiyuan si, à Dingxian (Hebei). Mais l'ornementation de la pagode de Fer de Kaifeng est surtout remarquable par ses rinceaux, ses figures de bodhisattva estampés sur les briques revêtues ensuite d'une glaçure. Le monument, ainsi entièrement décoré, constitue un témoignage unique de ce goût de l'ornement qui domine l'architecture des Song du Nord.

A ce style, la pagode du Baima si, près de Luoyang (Henan), construite en 1175, oppose son plan carré, ses treize étages marqués par des encorbellements de briques, son absence de décor et la rigueur de sa conception encore inspirée des modèles Tang.

La prépondérance des structures en bois à cette époque amène la construction de pagodes où la brique et le bois sont employés concurremment. Telles sont, à Suzhou, le Ruiguang ta et le Beisi da ta (milieu du XIIe siècle). Ces deux pagodes adoptent, sur un corps principal en brique, des consoles, des toitures et des balustrades en bois qui leur donnent plus de légèreté et les apparentent aux pagodes édifiées entièrement en bois. A cette dernière catégorie appartient le Shijia ta du Fogong si, à Yingxian (Shanxi). Cette très grande pagode (H. 67 m), construite en 1056, est octogonale et comporte neuf étages en bois au-dessus d'une base en brique composée d'une partie inférieure carrée et d'une partie supérieure octogonale. Les quatre étages intermédiaires sont pourvus d'un balcon et d'un toit en pente; l'étage de couronnement présente un système de consoles très riche, témoin de la perfection des encorbellements à cette époque. Sur le toit, la terminaison en «stupa» est d'un type proprement Liao: deux étages de pétales de lotus en brique, puis un étage de pétales en fer soutenant les différents ornements bouddhiques: le bol à aumônes, la roue... De la pointe terminale, pendaient à l'origine des chaînes et à l'angle de chaque toit était suspendue une clochette. Le Shijia ta, qui est vraisemblablement la plus ancienne pagode en bois subsistant en Chine, est rehaussée de couleurs, selon une mode qui devait être répandue à l'époque: les consoles extérieures sont peintes en ocre et en bleu, les piliers en rouge, les murs intérieurs étant également recouverts de peintures.

S'ils ont parfois construit en bois, comme l'atteste la pagode de Yingxian, les Liao ont eu une prédilection pour les constructions en brique, matériau dans lequel ils vont traduire l'apparence extérieure des tours chinoises anciennes en bois. Les pagodes du Wutai shan, par exemple le Zushi ta du Foguang si, dérivées de celle du Songyue si, constituèrent pour les Liao des modèles, tant sur le plan stylistique que technique. Le Zushi ta est une pagode hexagonale à deux étages, dont le rez-de-chaussée contient une chapelle et dont l'étage supérieur, marqué aux angles par une colonne engagée, est un ouvrage en brique massif possédant cinq fenêtres et, au sud, une porte ornementales.

La pagode du Tianning si à Pékin (début du XII siècle) est une de ces réalisations Liao en brique. Haute de 57,80 m, avec treize étages, elle est octogonale et ne comporte, ni escalier, ni étages intérieurs. Véritable monument décoratif, elle se compose de trois parties: 1° une base octogonale reposant sur un soubassement carré et décoré de niches, d'une fausse balustrade, puis de deux rangs de pétales de lotus, 2° une partie centrale sculptée de fausses portes et de fausses fenêtres entourées de gardiens célestes et de Bodhisattva en haut relief, d'une facture vigoureuse encore proche des modèles Tang, 3° enfin, une partie supérieure formée par l'étagement de treize toits successifs dont les consoles imitent l'architecture en bois. Toutes les pagodes Liao du Hebei ou de Mandchourie présentent cette élévation en trois parties nettement differenciées. En outre, l'importance accordée aux sculptures plaquées sur la brique, les recherches de variété dans le jeu des consoles (les consoles d'angle sont particulièrement élaborées) donnent souvent à ces pagodes un aspect un peu baroque qui tranche avec la franchise et la clarté des créations Song.

Temples de l'époque Song

Les plus grandes constructions bouddhiques citadines sous les Song du Nord se trouvaient à Kaifeng; une de ces fondations, le Xiangguo si, monastère patronné par l'empereur et décoré de fresques exécutées par les meilleurs peintres religieux de l'époque, fut incendié par les Jin et les Yuan, et reconstruit par la suite. Les principaux bâtiments actuels datent du XVIIIe siècle, mais les textes nous donnent une description de ce qu'était le Xiangguo si au temps de sa splendeur. Le monastère faisait face au sud et les édifices étaient disposés symétriquement le long d'un axe sud-nord. Quatre bâtiments principaux s'élevaient sur cet axe: deux entrées, une grande salle contenant une triade bouddhique et un pavillon.

Les deux portes du monastère avaient une triple ouverture; la porte extérieure, surmontée d'une tour, devait être précédée de chaque côté par un «jingchuang» du type de ceux qui se dressent encore au Lingyin si, à Hangzhou. Les bâtiments qui n'étaient pas sur l'axe médian sont plus difficiles à reconstituer; il semble y avoir eu deux cours contenant chacune une pagode, disposition qui rattache le plan du Xiangguo si à un plan Tang. Cette formule des deux pagodes disparaîtra en effet plus tard et sera remplacée par celle, plus économique, d'une pagode unique placée, soit sur l'axe derrière la salle principale, soit hors de l'axe.

L'unique bâtiment Song qui conserve sa disposition originelle (971) est le Longxing si, à Zhengding (Hebei). Le plan est rectangulaire, orienté sud-nord. La porte d'entrée donne accès à une grande cour rectangulaire où se trouvaient la tour du Tambour, celle de la Cloche et, au nord, une salle qui a disparu. Plus loin, sur l'axe, s'élevait le Moni dian précédé à l'est et à l'ouest de deux salles annexes, puis, plus au nord encore, la terrasse d'ordination avec derrière deux pavillons symétriquement placés: une bibliothèque à «sutra» à l'ouest et un pavillon de Maitreya à l'est. Chacun de ces deux pavillons est à trois entrecolonnements sur quatre et comporte deux étages.

Le Moni dian, l'un des plus anciens bâtiments subsistant de cet ensemble, est carré, avec sept entrecolonnements de côté (environ 35 m), et s'élève sur une haute terrasse. Il présente une caractéristique unique: un étroit vestibule d'entrée (ou salle-appendice) qui s'avance du centre de chacun des quatre côtés. Si les toits s'incurvent aux angles, la date ancienne de la salle est visible à son système de consoles, où l'alternance reste distinctement marquée entre les encorbellements sur colonnes et intermédiaires. L'extérieur de l'édifice possède la puissance et l'élégance de l'architecture Song; l'intérieur, par contre, est marqué par une confusion de supports et de bras en éventails typiques des Liao et des Jin, témoignant de l'influence des motifs Liao dans les provinces chinoises du Nord-Est.

▼ Plan du Longxing si, à Zhengding, au Hebei (971)

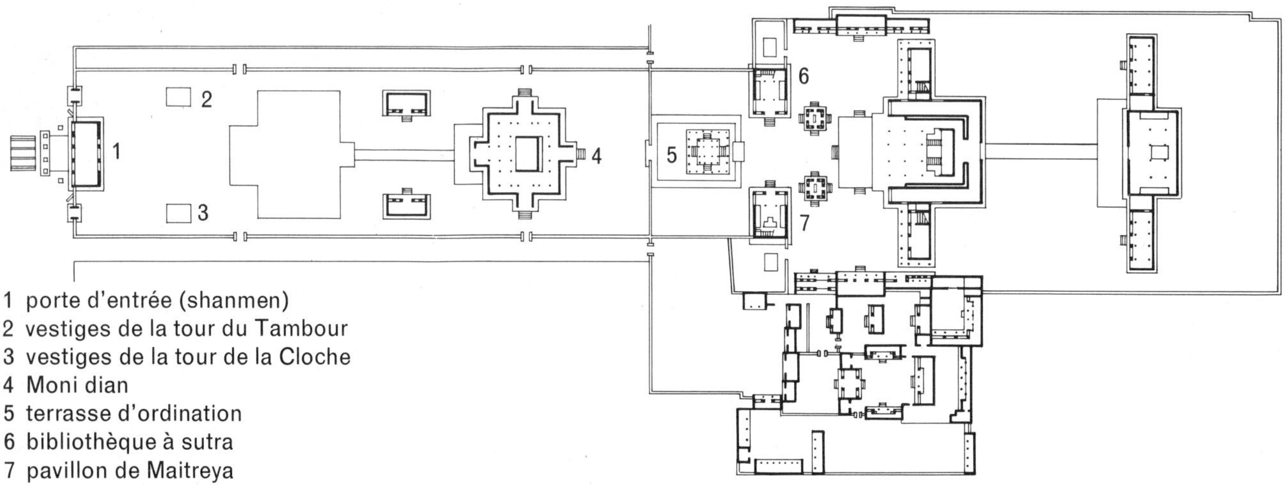

1 porte d'entrée (shanmen)
2 vestiges de la tour du Tambour
3 vestiges de la tour de la Cloche
4 Moni dian
5 terrasse d'ordination
6 bibliothèque à sutra
7 pavillon de Maitreya

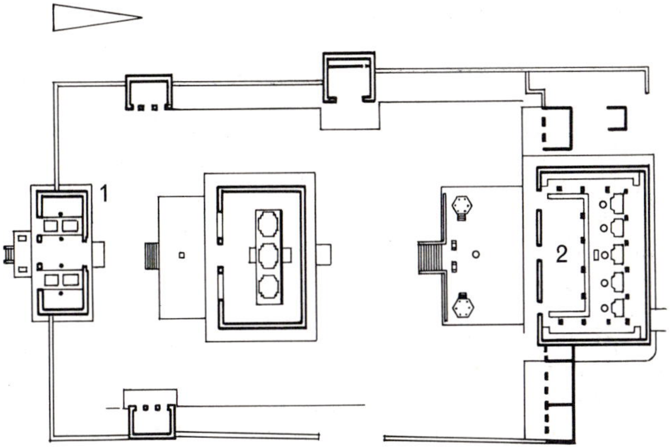

▲ Plan du Shanhua si à Datong (Shanxi)

1 pavillon d'entrée (shanmen)
2 Daxiongbao dian (grande salle du puissant trésor)

Une autre salle, à Zhengding également, le Dacheng dian du Xianwen miao, illustre la perfection du style architectural des Song.

Convertis au bouddhisme, les Liao firent de nombreuses fondations pieuses, dont les plus anciennes découlent de l'architecture Tang. Cependant, dès la fin du Xe siècle, les Liao innovent à partir de réalisations chinoises provinciales, et en particulier des temples du Wutai shan. Les vestiges les plus abondants de leur art remontent au XIe siècle, époque où, à Datong et dans la région de Pékin, les influences Song commencent à s'exercer.

De la première période, encore dépendante des Tang, datent le Guanyin ge et le Shanmen du Dule si, à Jixian, au Hebei (984). Le Guanyin ge comprend trois étages, dont deux seulement sont visibles de l'extérieur. La superficie de la salle est de cinq entrecolonnements en largeur et de quatre en profondeur. Au-dessus du toit inférieur, une galerie, dont la balustrade est encore très Tang, fait le tour du bâtiment; par contre, le jeu extrêmement varié des consoles, admirablement adaptées chaque fois à l'usage qui leur est demandé, est déjà proche des créations Song.

D'époque Liao encore est le Shanhua si, près de la porte Sud de Datong (Shanxi). Dans ce grand monastère édifié sous les Liao et restauré sous les Jin, le Daxiongbao dian date des Liao. Long de 40 m avec sept entrecolonnements, et profond de 26 m, le bâtiment présente un toit aux angles relevés et des consoles multipliées de type Song.

Un des rares vestiges d'architecture taoïste de l'époque Song est le Sanqing dian, salle principale du temple Xuanmiao guan, à Suzhou (Jiangsu), construite en 1179 sous les Song du Sud. Large de neuf entrecolonnements et profonde de six, la salle est entourée d'une véranda avec balustrade

▼ Types de consoles et encorbellements en Chine et au Japon, d'après Willetts «L'art de la Chine»

a consoles et bras levier à l'étage supérieur du Guanyin ge (Jixian, Hebei)
b style tenjikuyo à la pagode de l'ouest du Kaiyuan si à Quanzhou (Fujian)
c style tenjikuyo au Kaisandô du Tôdai-ji, Nara (Japon)
d style tenjikuyo au Nandaimon du Tôdai-ji, Nara (Japon)

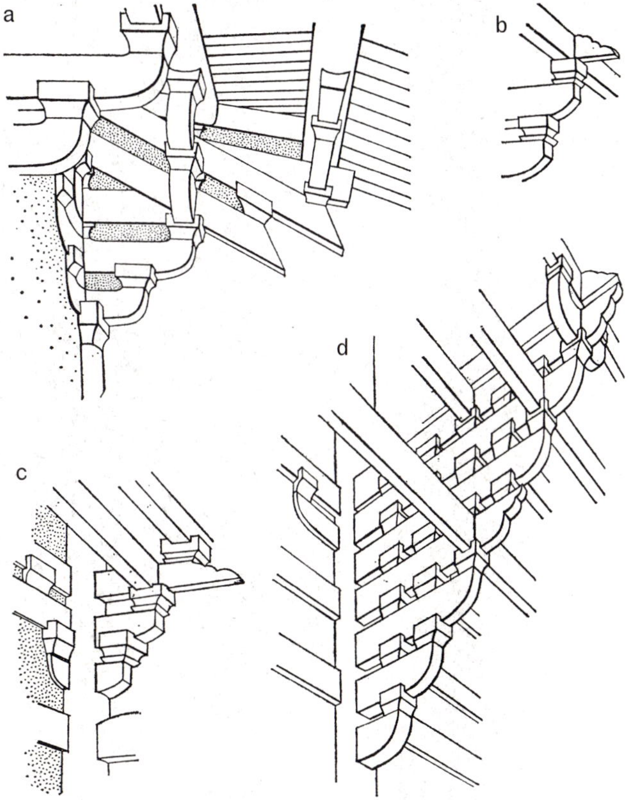

de pierre. L'intérieur, divisé par sept rangées de dix colonnes, est orné d'un magnifique plafond à caissons plats. Le toit est double, en demi-croupe, le système d'encorbellement y apparaît très varié, mais les éléments, petits et rapprochés, annoncent les formules Ming et Qing.

Le Tenjikuyo

Un style indépendant, né vraisemblablement sur la côte sud de la Chine, au Fujian, reçut des Japonais le nom de Tenjikuyo, lorsqu'il fut introduit au Japon dans les dernières années du XIIe siècle, à l'occasion de la reconstruction du Tôdai-ji de Nara.

Ce style, qui est à l'opposé de toutes les caractéristiques Song officielles, présente deux particularités majeures: le dessin du système d'encorbellement le long d'un axe unique transversal, et l'insertion des bras transversaux de ces consoles dans le corps des colonnes. Lorsque les dimensions de la construction le rendent nécessaire, un support intermédiaire, entre les colonnes, est fourni sous la forme d'un vrai bras oblique («ang») réduit à sa plus simple expression de levier balançant deux pannes.

Ces caractéristiques sont tout à fait contraires au développement naturel de l'architecture chinoise des Tang aux Qing, dans laquelle les bras sont aussi bien longitudinaux que transversaux et reposent sur le sommet des colonnes. On trouve cependant des édifices construits selon ces deux principes dans les provinces du Fujian, du Zhejiang et du Guangdong. Les plus anciens exemples sont les deux pagodes en granit construites à Quanzhou (Fujian) entre 1228 et 1250, devant la salle principale du Kaiyuan si. Ces pagodes octogonales à cinq étages sont la transposition dans la pierre de ce style simple et vigoureux dont le souvenir est encore conservé dans des bâtiments moins anciens, par exemple dans certaines salles du Chongsheng si à Minhou xian (Fujian). La franchise du Tenjikuyo, avec ses consoles en escalier renversé, dont le bras unique sort des colonnes, ne permet ni subtilités ni enrichissements; ce sont les poutres qui, en fait, assurent ici la cohésion de toute la charpente et soutiennent le toit.

L'architecture religieuse à l'époque Yuan

Pagodes Les principes fondamentaux de l'architecture Song se maintiennent. En Chine du Nord, les pagodes en brique comme celle du Zushou si, à Balizhuang, dans la banlieue nord-ouest de Pékin, conservent les caractéristiques Liao. La pagode de Balizhuang fut rénovée sous le règne de Wan li, à la fin du XVIe siècle. Octogonale, avec ses treize étages et sa division en trois parties dont les deux parties inférieures sont ornées de sculptures, elle demeure extrêmement proche, par le style, de la pagode du Tianning si de Pékin, qui lui servit vraisemblablement de modèle.

Cependant, à côté de ces formes traditionnelles, apparaît un nouveau type, le «dagoba» lamaïque, dont le plus ancien exemple, à Pékin, est le «dagoba» blanc (construit en brique et peint en blanc) du Miaoying si, élevé en 1271. Le «stupa» indien reparaissait ainsi en Chine sous sa forme tibétaine apportée par des lamas du Tibet. Généralement, dans un soubassement cubique, est ménagé un sanctuaire renfermant des images lamaïques. Au-dessus, et sur un socle à gradins, s'élève un dôme renflé vers le haut et étranglé à sa partie inférieure.

Les temples L'ensemble le plus complet demeure le Yongle gong, à Ruicheng (Shanxi), temple taoïste redécouvert depuis 1949 et restauré en 1959.

Les travaux, commencés en 1247, ne furent terminés qu'en 1358; ils comprenaient la réalisation des fresques magnifiques qui ornent le temple. Les principaux bâtiments s'alignent sur un axe sud-nord au long duquel on compte cinq constructions: la porte d'entrée, la porte de l'Insondable (Wuji men), la salle principale ou Sanqing dian (salle des Trois Purs), le Chunyang dian et le Zhongyang dian. A l'origine, le temple comportait une salle de plus sur l'axe principal et, à l'ouest, sept autres groupes de bâtiments secondaires, mais ces édifices ont aujourd'hui disparu. A l'exception de la porte d'entrée qui date des Qing, les quatre autres constructions subsistant remontent à l'époque Yuan.

1. Le Wuji men (daté 1294), large de cinq entrecolonnements (20,68 m) et profond de deux (9,60 m), présente un toit simple à croupe dont la pente est assez faible et dont le système de consoles est encore proche du type Song.
2. Le Sanqing dian, large de sept entrecolonnements (28,44 m), profond de quatre (15,28 m), est construit sur un haut soubassement, précédé d'une terrasse. Le toit ici aussi est simple et à croupe. L'intérieur de la salle, entièrement décoré de fresques, présente une réduction du nombre

des colonnes (huit seulement) pour ménager un espace plus grand. Le plafond est à caissons tantôt ronds, tantôt octogonaux.
3. Les deux autres bâtiments présentent un toit à demi-croupe. Le premier, le Chunyang dian, large de cinq entre-colonnements (20,35 m) et profond de trois (14,35 m) utilise également le procédé de réduction du nombre des colonnes.

Les consoles des quatre bâtiments, de proportion menue, illustrent l'évolution au cours de laquelle les consoles commencent à perdre leur rôle proprement structural pour devenir surtout un élément décoratif.

Les Ming et les Qing

Pagodes On n'invente guère de formes nouvelles sous les Ming, mais on réalise les types anciens à une échelle souvent énorme (pagode de Fenzhou fu au Shanxi). Le «dagoba» indien, en forme de bouteille sur un haut soubassement cubique, continue à être en vogue à Pékin, en particulier sous les Mandchous, qui font édifier le «dagoba» blanc du Beihai (1652) et celui du Huang si (1780), en marbre également.

Temples L'un des plus intéressants parmi les temples anciens subsistant à Pékin est le Zhihua si, achevé en 1443. Le plan en longueur est typique, avec sa succession de cours de différentes dimensions. Le bâtiment principal, le Rulai dian, à deux étages, s'élève, isolé, dans la troisième cour. Les consoles y sont si serrées qu'elles donnent l'impression d'une corniche continue. Le plafond, actuellement conservé à la Nelson Gallery of Art de Kansas City (USA), montre une certaine sécheresse par rapport aux plafonds à caissons plus anciens. Enfin, les dimensions elles-mêmes des bâtiments du monastère, tous de petite taille, témoignent du déclin religieux qui se manifeste à partir des Ming.

Etant donné le peu d'innovations dans l'architecture religieuse des Ming et des Qing, seuls quelques exemples seront donnés ici qui diffèrent sur certains points de la tradition.

Le Wuta si, ou temple des Cinq Pagodes, dans la banlieue nord-ouest de Pékin, fut construit pour abriter les présents apportés à la Cour de Pékin par un moine indien, au début du XVe siècle. Ces présents consistaient en «cinq effigies en or du Bouddha et une maquette du temple du Diamant», ce dernier élevé à Bodhgayâ, à l'endroit où le Bouddha atteignit la suprême sagesse. En 1473, l'empereur fit édifier, au centre du temple, un monument portant cinq pagodes qui s'inspirait de la maquette apportée. Seul cet édifice subsiste; il forme une masse cubique avec cinq étages de niches sculptées de l'image du Bouddha, au-dessus d'un riche soubassement décoré de motifs floraux, de caractères sanscrits et de symboles bouddhiques. Deux larges entrées voûtées s'ouvrent, l'une sur la façade, l'autre sur la face arrière du monument. A l'intérieur, deux escaliers à droite et à gauche, passant à travers le massif de pierre, conduisent à la plate-forme qu'occupent cinq tours à base carrée, celle du milieu plus grande que les autres. Si l'intérêt de l'édifice réside surtout dans les sculptures qui ornent ses quatre faces, la forme elle-même connut un certain succès, puisqu'une autre copie du temple de Bodhgayâ, le «dagoba» du Biyun si, fut construite au XVIe siècle par un riche eunuque, dans la banlieue nord-ouest de Pékin.

Au nord de la capitale, s'élève un temple fondé en 1733, le temple de la Grande Cloche, Dazhong si. Le bâtiment abritant cette cloche, fondue en 1406, est un pavillon carré comportant quatre colonnes par face et surmonté, à l'étage supérieur, d'une tour ronde à toiture conique. Les colonnes et les entretoises de cet étage dessinent un dodécagone sur lequel sont couchées de grosses poutres en deux assises formant des carrés à pans coupés. Ces poutres soutiennent la toiture par l'intermédiaire de courts étais sur lesquels reposent les pannes. Le Dazhong si constitue un parfait exemple de ces charpentes chinoises dépourvues de pièces courbes, tout ce que l'on voit de circulaire restant extérieur à la charpente.

Le grand développement de la construction en brique sous les Ming a donné naissance à un type de bâtiment entièrement voûté, appelé «wuliang dian», «bâtiment sans poutres». Le silence du «Ying zao fa shi» sur ce genre d'édifice et le fait qu'aucun «wuliang dian» antérieur aux Ming n'ait été signalé, porteraient à voir là un emprunt assez tardif, dû peut-être à l'influence du bouddhisme lamaïque.

Des bâtiments de cette sorte existaient à Nankin (la grande salle du Linggu si par exemple), à Taiyuan et au Wutai shan (Shanxi), à Pékin, et enfin à Suzhou (Jiangsu), où subsiste un «wuliang dian», seul vestige du monastère de Kaiyuan, dans l'angle S.-O. de la ville.

Deux possibilités se présentaient pour la construction de ces voûtes:

1. La voûte est construite dans l'axe de la longueur du bâtiment; les murs antérieurs et postérieurs, étant porteurs, sont très épais et munis de fenêtres et de portes profondes, laissant entrer peu de lumière. Les salles ainsi construites peuvent compter de une à trois travées (grande salle du Linggu si à Nankin).

2. La voûte est construite dans l'axe de la profondeur du bâtiment avec plusieurs voûtes successives. Dans ce cas, ce sont les murs latéraux qui sont porteurs et particulièrement massifs. Ce dernier parti, qui permettait un meilleur éclairage de la salle (exemple à Taiyuan et au Wutai shan) fut préféré au premier dès le milieu des Ming.

Le Wuliang dian du Kaiyuan si de Suzhou fut construit sous l'empereur Wan li, en 1618. Il comprend deux étages, et la voûte est construite dans l'axe de la longueur du bâtiment. Dans le mur méridional de chaque étage sont encastrées six colonnes, et sous la toiture court une frise de consoles à encorbellements successifs imitant les structures analogues en bois. Trois portes voûtées sont percées à l'étage inférieur et, à l'étage supérieur sont ménagées cinq voûtes, celle du centre servant de fenêtre et les quatre autres formant des niches. L'influence de l'architecture en bois reste ici sensible, et la disposition des supports de brique est identique à celle des colonnes dans l'édification des salles à sept entrecolonnements en longueur. Mais ces constructions voûtées étaient beaucoup moins économiques que les constructions à charpente en bois, et d'une réalisation plus difficile, parce que moins habituelle, ce qui explique que les wuliang dian ne connurent jamais un très grand développement.

Le temple de Confucius à Qufu

Le culte de Confucius (551-479 av. J.-C.), devenu à partir des Han le culte rendu à un héros, symbole de pouvoir et de prestige pour la classe des lettrés, fut célébré partout, et emprunta au culte des Ancêtres comme à celui des divinités naturelles. Tout au long des siècles, chaque ville eut son temple confucéen, ou temple de la littérature («wenmiao»). Le plan consistait en une suite de cours entourées de bâtiments contenant des inscriptions sur stèles et des ouvrages classiques. Une fois l'an, lors de l'anniversaire de la naissance du sage, les lettrés et les hauts fonctionnaires du district s'assemblaient dans ce temple, entre minuit et l'aube, pour procéder au sacrifice «Tailao», pour lire des essais liturgiques et écouter des causeries. De la musique et des danses rituelles faisaient partie de la cérémonie. Ce culte était célébré avec un cérémonial et un éclat particuliers dans le temple de Qufu au Shandong, ville où vécut et enseigna Confucius. Ce temple, construit sous les Han, reconstruit, modifié ou agrandi sous chaque dynastie, date dans son aspect actuel du début du XVIe siècle. L'ensemble s'inscrit dans un long rectangle sud-nord, long de 630 m et large de 140 m, entouré d'une muraille. Sur l'axe médian s'alignent onze édifices que l'on peut diviser en deux groupes: une première partie, au sud, conduit au temple, avec des stèles et des édifices de part et d'autre de l'allée médiane; une seconde partie, au nord, constitue le temple proprement dit, que domine, dans une vaste cour rectangulaire, le bâtiment principal, le Dacheng dian. Cette salle, reconstruite en 1724, s'élève sur une haute terrasse de pierre à deux étages. Haute de 26 m et large de 47 m (neuf entrecolonnements), elle présente une toiture double à demi-croupe, couverte de tuiles vernissées jaunes. Aucune innovation architecturale ne marque cette construction, qui se distingue surtout par son ampleur et la richesse de ses matériaux (colonnes de marbre blanc sculptées de dragons soutenant la toiture inférieure).

L'architecture funéraire

A l'époque Shang (XVIIe-XIe siècle av. J.-C.) et Zhou (X^{e}-IIIe siècle av. J.-C.) le principe de la fosse verticale prédomine dans la construction des sépultures. Une fosse rectangulaire est creusée dans le sol, au fond de laquelle doit être placé le mort. C'est ce modèle, avec des variantes, qui apparaît à Anyang (Henan), où plus de deux mille sépultures de l'époque Shang ont été mises au jour.
Ces sépultures appartiennent à trois types principaux:

– la simple fosse souterraine,
– les sépultures courantes de forme rectangulaire, comprenant un passage en pente qui conduit à la chambre funéraire. Ces tombes, dont les dimensions et l'orientation varient, sont en général disposées en rangs et groupées en cimetières,
– les tombes royales comprenant une fosse rectangulaire, carrée ou cruciforme, avec deux passages, un à chaque extrémité des petits côtés; certaines possèdent des passages sur les quatre côtés. La plus vaste qui ait été fouillée couvre 380 m^{2}. A la construction de ces grandes tombes sont associées des cérémonies de consécration de victimes humaines et animales. Ces victimes sacrifiées étaient placées dans des trous creusés, l'un au centre de la tombe, les autres aux points cardinaux.

Ce mode de sépulture se poursuit sous les Zhou occidentaux et au début des Zhou orientaux. A l'époque des Royaumes Combattants (Ve siècle-IIIe siècle av. J.-C.), une nouvelle forme de construction apparaît: une chambre est creusée dans une des parois latérales de la fosse verticale et le cercueil est placé dans cette chambre, au lieu d'être déposé au fond de la fosse. A la même époque, des tumuli apparaissent au-dessus des grandes tombes, tandis que les autres continuent à être réunies en cimetières.

La construction d'une chambre, liée à l'emploi de la brique, va remplacer complètement la fosse verticale à partir du IIIe siècle avant notre ère.

Les Qin et les Han

Le tumulus, dont l'introduction en Chine reste mystérieuse, se généralise sous les Qin et les Han pour les tombes importantes, et peut atteindre de très grandes dimensions. Celui de Qin Shi huang di (près de Sian, Shânxi), colline de76 m de haut dont la base mesure 485 m sur 515 m, demeure l'un des plus imposants vestiges de l'Antiquité chinoise. Devant l'écran naturel que forme la chaîne appelée Li shan, qui s'incurve en arc ouvert, «le tumulus est dressé, si exactement ‹en place› qu'il semble que le décor montagneux soit composé par rapport à lui... la façon dont l'histoire parle de ce tombeau, la mention des myriades d'ouvriers (plus de 700000) qui furent employés à remuer la terre, montre que la construction (210 av. J.-C.) avait frappé les contemporains d'une sorte de stupeur sacrée que grossit encore la tradition». (V. Segalen, G. de Voisins et J. Lartigue «L'art funéraire en Chine à l'époque Han», Paris 1935).

A l'époque Han, où il est évident que l'on cherche avant tout par l'enterrement à protéger le cadavre contre la destruction, tous les moyens sont mis en œuvre: caveaux enfouis dans le sol ou creusés dans le roc, tumulus et, pour supporter sa pression, le procédé de construction le plus résistant, la voûte.

Le tumulus est placé au centre du champ funéraire dont l'étendue est proportionnée au rang du défunt. L'orientation, adaptée à la configuration du terrain, se conforme aux prescriptions du «fengshui». On pénètre dans le champ par le chemin des âmes («shendao»), tracé selon l'axe médian de la sépulture. L'entrée de ce chemin est marquée par une paire de piliers («que») qui, de chaque côté, sont accolés à l'extérieur d'un pilier-contrefort plus bas, mais de structure analogue. Chaque pilier, fait de blocs assemblés, comprend un socle, un fût de section rectangulaire, un entablement à étages multiples et une toiture. Ces piliers semblent très proches de ceux qui devaient s'élever aux portes des villes, à l'entrée des palais et des bâtiments officiels, et dont la représentation nous est conservée sur des briques funéraires du Sichuan. Il est fort possible que le champ funéraire, entouré d'une muraille à l'instar des cités, ait été pourvu d'une entrée rappelant une porte de ville. Vingt-trois de ces «que» existent encore, datant des Han postérieurs. Le plus ancien est celui de Liye, à Zidong au Sichuan (28 ap. J.-C.); celui de Huangshengqing à Pingyi (Feixian, Shandong) fut érigé en 85 ap. J.-C., le plus récent, celui de Gaoyi à yaan (Sichuan) date de 209 ap. J.-C. Ces «que» proviennent du Henan, du Shandong et du Sichuan qui constituent les provinces les plus remarquables pour l'art de la gravure sur pierre à l'époque des Han postérieurs.

Le chemin des âmes, qui peut être quadruplé (un dans chaque direction) pour les tombes impériales, est bordé, à l'intérieur du champ funéraire, d'une double rangée de statues, de stèles et de piliers. A l'extrémité de cet axe se dresse le tumulus, pyramide tronquée de plan rectangulaire, élevée sur une terrasse, et précédée d'une stèle qui porte la généalogie du défunt. Dans certaines provinces (Henan, Shandong), une chambrette en dalles de pierre, servant de salle d'offrandes, s'élève près de la stèle. Sous le tumulus, un couloir souterrain conduit à une ou plusieurs chambres en pierre ou en briques estampées. Ces chambres sont le plus souvent voûtées en encorbellement, parfois en berceau, plus rarement en arc brisé, selon un modèle de base qui se retrouve, à cette époque, de la Mandchourie au Nord-Vietnam.

Les tombes en brique voûtées en encorbellement se répandent dans la dernière période des Han occidentaux, et remplacent peu à peu les tombes construites en briques creuses. A la fin des Han occidentaux, les chambres funéraires s'agrandissent, de même que les annexes, le mobilier funéraire devient plus abondant. Au tout début de notre ère apparaît la voûte en plein cintre. La tombe est alors généralement divisée en deux chambres, l'une antérieure pour le mobilier funéraire, l'autre postérieure contenant le cercueil. Les chambres annexes perdent de l'importance. Chaque arc de la voûte est fait de briques trapézoïdales (H. 32 cm) portant, au milieu des tranches, des nervures demi-rondes, en creux d'un côté et en relief de l'autre, destinées à l'emboîtement des briques d'un même arc. En outre, pour lier l'un à l'autre les arcs successifs, chaque brique a des crossettes médianes.

Certaines tombes Han possèdent des chambres entièrement construites en pierre, ainsi la grande tombe de Yinan (Shandong), datant de la fin des Han postérieurs, et fouillée en 1954. La tombe comprend trois chambres principales en pierre décorées de gravures et de peintures qui décrivent la vie d'un aristocrate.

D'autres tombes, en brique, ont une entrée en pierre, ou bien les portes, séparant les différentes chambres construites en brique, sont édifiées en pierre. Au Sichuan, dans des sépultures en brique de la seconde moitié du IIe siècle de notre ère ou de la première moitié du IIIe siècle, des bandes de longues briques ou de grès décorées ont été imbriquées dans les murs pour embellir la tombe.

Pérennité de ce mode de sépulture

Ce type de tombes qui semble avoir été élaboré sous les Han s'est perpétué au cours des siècles suivants. Les allées funéraires des dynasties méridionales, aux Ve et VIe siècles, sont bordées de statues d'animaux et de piliers en pierre surmontés d'un lion (près de Nankin, au Jiangsu). Sous les Tang et les Song, l'allée s'allonge, les statues se multiplient, annonçant les sépultures impériales des Ming qui constituent l'aboutissement de ce programme funéraire. Les chambres des sépultures importantes sont le plus souvent voûtées en pierre et décorées de fresques. Une tombe royale de l'époque des Cinq Dynasties, découverte en 1942-43, est un exemple de ces sépultures aristocratiques du IXe-Xe siècle. Cette tombe qui fut celle de Wang Jian (847-918), empereur de Shu (Sichuan) en 907, se présente comme une énorme construction sous un tumulus de 14 m de haut et 80 m de diamètre environ. La chambre voûtée en pierre a 23,50 m de long. Elle est divisée en trois parties: une antichambre, la pièce principale (L. 12,10 m, l. 6,05 m, H. 6,40 m), et une salle arrière, séparées par deux portes. Le sol est pavé de pierres, les murs et les plafonds sont enduits, et décorés sur le deuxième arc de fresques à motifs floraux. Le cercueil était posé dans la chambre principale sur un grand piédestal de marbre supporté par douze guerriers en pierre.

Le grand cimetière impérial des Song du Nord est situé au sud-ouest de Gongxian au Henan. Chaque sépulture est entourée d'arbres formant un bois, selon une tradition qui remonte aux Han et qui se poursuivra sous les Ming et les Qing. Là encore, chaque tumulus est précédé d'une allée des âmes bordée de statues et de piliers.

Ces principes permanents de l'architecture funéraire chinoise, l'axe médian orienté, le souci de symétrie, la chambre voûtée sous un tumulus, trouvent leur aboutissement dans les réalisations funéraires consacrées aux empereurs Ming et que reprendront les souverains Qing.

Les sépultures impériales des Ming

Ces sépultures, situées dans un endroit retiré, au milieu d'un vaste parc enclos de murailles, sont empreintes, à Nankin comme à Pékin, de calme, de recueillement et de mystère.

Le premier empereur Ming (nom d'ère: Hong wu) se fit ensevelir à Nankin, mais à partir de 1403, les empereurs, ayant établi leur capitale à Pékin, se feront enterrer dans un vaste amphithéâtre entouré de collines, à quarante kilomètres au nord-ouest de Pékin. Le site de cette immense nécropole où reposent treize empereurs de la dynastie Ming fut choisi par l'empereur Yong le qui convoqua à cet effet les maîtres en «fengshui». L'amphithéâtre forme une vaste plaine d'environ cinq kilomètres sud-nord sur 3,500 km est-ouest, redressée vers les montagnes environnantes au nord, à l'est et à l'ouest, et traversée par une rivière qui draine toutes les eaux descendant des collines.

Le tombeau de Yong le, le Changling, fut terminé en 1415; l'empereur mourut en 1424 et y fut enterré la même année. Cette sépulture, conçue sur le modèle du tombeau de Hong wu à Nankin, est le centre du cimetière impérial; les douze autres sépultures sont disposées sur les pentes inférieures des collines, en éventail autour de la voie sacrée. Ici, comme à Nankin, le plan d'ensemble se compose de deux parties: à l'avant, le chemin des âmes formant l'axe médian, à l'arrière les bâtiments du tombeau lui-même.

Le chemin des âmes aux tombeaux des Ming (Shisan ling) à Pékin

Cette voie sacrée se développe sur une longueur de 5,500 km, de la grande porte rouge jusqu'à l'entrée du Changling (tombeau de Yong le). En 1540, ce chemin fut prolongé au-delà de la grande porte rouge jusqu'à un portique de marbre blanc et atteignit alors 6,500 km de long. Ce portique, érigé en 1540, forme une porte monumentale à cinq ouvertures, reposant sur six piliers à base rectangulaire. A une hauteur de 4,50 m, les piliers centraux (H. totale 5,50 m) sont reliés par un linteau monolithe en marbre blanc. Ils supportent, en outre, à leur partie supérieure, un autre linteau monolithe débordant à droite et à gauche. Une frise ornée de sculptures occupe l'espace entre ces deux linteaux. Linteaux et frises sont disposés de la même manière sur les piliers intermédiaires et extérieurs. Les linteaux supérieurs supportent des structures de toits sur consoles imitant les constructions en bois. De tels portiques, appelés «pailou», honorifiques ou commémoratifs ne sont pas réservés aux tombes impériales des Ming; ils apparaissent, en pierre ou en bois, de dimensions variables (à 3, 4 ou 5 passages), coupant les grandes rues des villes, à l'entrée d'un champ funéraire, ou signalant l'accès d'un temple.

A un kilomètre de ce portique s'élève la véritable entrée des tombeaux, la grande porte rouge, massive construction à trois voûtes, au toit recouvert de tuiles jaunes et aux murs peints en rouge. Elle fut probablement édifiée en 1425 comme entrée officielle de la nécropole. Sur le chemin des âmes, à 500 m environ de la porte, se dresse le pavillon de la stèle (1435), carré, reposant sur une terrasse basse, et s'ouvrant sur chaque face par une porte voûtée. Autour du pavillon, se dressent quatre colonnes octogonales en marbre blanc surmontées de dragons.

Le chemin des âmes, légèrement incurvé, est bordé de grandes statues de pierre représentant des mandarins civils et militaires et des animaux. Ces sculptures, beaucoup plus vigoureuses et vivantes au tombeau de Hong wu à Nankin (fin XIVe siècle) qu'au Shisan ling de Pékin, où elles furent commencées en 1435, vont par paires et comprennent, dans la série des animaux: lions, licornes, chameaux, éléphants et chevaux.

Cette longue rangée de statues vient aboutir au nord à une porte à trois ouvertures, au-delà de laquelle la voie sacrée continue jusqu'au tombeau de Yong le. Dallée de pierres et de briques, elle est la nervure centrale de la nécropole, et c'est d'elle que partent les différents chemins des âmes menant aux autres sépultures.

Les tombeaux: le Changling

Le plan du Changling affecte la forme d'un rectangle de 330 m sur 141 m, flanqué sur un de ses petits côtés d'un cercle d'environ 300 m de diamètre. La partie rectangulaire renferme les bâtiments du culte, tandis que le cercle circonscrit la tombe. Une fois franchie la porte massive à trois voûtes fermant le tombeau au sud, on entre dans une cour longue de 46 m au fond de laquelle s'élève, sur une terrasse de marbre blanc bordée de balustrades, le Lingen men. C'est une porte en bois, à large toiture de tuiles vernissées jaunes. Cette porte ouvre sur une seconde cour, très vaste (150 m de long) et plantée de grands pins, qui mène au Lingen dian. Cette construction, la plus importante du tombeau rappelle beaucoup le Taihe dian du Palais Impérial de Pékin. L'édifice s'élève sur une triple terrasse de marbre blanc bordée, à chaque étage, de balustrades; trois escaliers principaux sont placés sur les faces sud et nord, des escaliers de service sont disposés à l'est et à l'ouest. La construction elle-même est en bois, longue de 66,75 m (neuf entrecolonnements) et large de 29,31 m (cinq entrecolonnements). La double toiture à croupe repose sur trente-deux piliers disposés en quatre rangées de huit piliers, dans le sens de la longueur du bâtiment. Une colonnade de vingt-huit piliers entoure cette structure interne et supporte la toiture inférieure. Dans cette salle, dont le centre était occupé par la tablette en bois rouge portant le nom de l'empereur défunt, s'accomplissaient les cérémonies et les sacrifices qui lui étaient dédiés.

Une porte à trois voûtes (le Lingqin men) donne accès à la dernière cour, plantée de pins, qui s'étend sur une profondeur de 85 m jusqu'au pied de la tour du «minglou», ou tour de l'âme. Le tumulus s'élève derrière cette tour; il est entouré d'une muraille épaisse de trois mètres au sommet et comportant deux parements de brique entre lesquels a été coulé un blocage. Des créneaux surmontent le mur sur sa face externe, protégeant le chemin de ronde, selon une disposition identique à celle des murailles de villes.

Le Dingling

Entre 1956 et 1958, fut fouillé le Dingling, tombeau de l'empereur Wan li (1563-1620), situé à 2,200 km du Changling. Wan li commença de faire construire son tombeau en 1584, à l'âge de vingt-deux ans; les travaux durèrent six ans et l'ensemble coûta huit millions de taëls d'argent. Les annales racontent que, la tombe terminée, l'empereur donna une réception dans la chambre funéraire où il devait reposer trente ans plus tard.

Lorsque les fouilles furent décidées en 1956, quelques briques écroulées à la partie méridionale du mur d'enceinte du tumulus permirent aux archéologues de s'introduire à l'intérieur de celui-ci. Après avoir découvert un premier passage de huit mètres de large, les fouilleurs en trouvèrent un second, en pente, de même largeur et long de 40 m, qui menait à un mur scellé. Ce mur se composait de 56 couches de briques, superposées jusqu'à une hauteur de 8,80 m. Il était couronné d'un motif en forme de toit, couvert de tuiles vernissées jaunes. La base du mur était à 20 m sous la surface du tumulus. Un examen minutieux révéla qu'à la partie inférieure de la paroi, une porte avait été ouverte pour laisser passer la procession accompagnant le cercueil, puis remplie et scellée à nouveau. Le blocage apparaissait absolument intact, sans trace de pillage.

Le 19 septembre 1956, les archéologues, après avoir enlevé quelques briques au sommet du blocage, introduisirent par l'orifice ainsi ménagé une lampe électrique et découvrirent une salle vide. Au fond de cette salle se trouvait un porche sculpté avec une porte en marbre à double battant hermétiquement close. Chaque battant, formé d'une seule dalle de marbre blanc pesant six à sept tonnes, était décoré de neuf rangs de bosselures et d'un masque d'animal en relief. Cette porte, une fois ouverte, livrait accès à une antichambre qui ouvrait elle-même, par une porte semblable, sur la chambre sacrificelle longue de 32 m et large de six mètres. A l'extrémité occidentale de cette chambre, devant la porte menant à la salle sépulcrale, étaient disposés trois trônes de marbre blanc. Celui de l'empereur, au centre, était décoré de dragons entrelacés parmi des nuages, tandis que les deux trônes réservés aux impératrices étaient gravés de phénix. Un ensemble de cinq garnitures d'autel (deux chandeliers, deux coupes, et un brûle-parfum), en céramique vernissée, était posé devant chaque trône. Trois jarres en porcelaine «bleu et blanc», contenant encore l'huile pour alimenter les lampes, complétaient ce mobilier. Au milieu des deux murs latéraux, une porte à simple battant ouvrait sur un corridor menant à une chambre annexe, occupée par une couche en pierre destinée à recevoir un cercueil. Par une porte du mur occidental, on accédait à un passage voûté qui devait conduire à la surface du tumulus. Ces annexes étaient certainement destinées aux deux impératrices, au cas où elles seraient mortes après Wan li. Leurs cercueils auraient été alors portés par les passages latéraux afin de ne pas troubler le repos de l'empereur. En fait, Wan li mourut après ses deux épouses dont les corps furent déposés à ses côtés.

Il restait à ouvrir la chambre sépulcrale, travail qui fut commencé en octobre 1957. Cette chambre voûtée, située perpendiculairement à l'axe principal de la sépulture, mesure 20 m sur 9 m et 9,90 m de haut. Elle contient trois cercueils laqués en rouge, placés côte à côte sur une couche de pierre. Le cercueil de l'empereur est au centre, celui de l'impératrice première à sa gauche et celui de l'impératrice seconde à sa droite. Chaque cercueil est double, comprenant un coffrage extérieur et un coffrage intérieur; entre les cercueils sont groupés des porcelaines «bleu et blanc» et des boîtes en laque rouge. Ces boîtes renfermaient des armes rehaussées de joyaux, des parures de tête, des pendants de jade, des vêtements et des objets en or.

Les impératrices reposaient dans leur double cercueil, entourées de vêtements, d'objets de toilette en or, en argent et en bronze, et parées de robes de cérémonie et de joyaux. L'empereur, coiffé de la couronne, était également entouré de rouleaux de soie, de coupes et de bols en jade rehaussés d'or, de tablettes rituelles.

L'ouverture de ce tombeau, véritable palais souterrain dont l'architecture répond parfaitement aux amples constructions de la Cité Interdite à Pékin, illustre une page d'histoire chinoise. Elle révèle, en outre, un art impérial dont il était difficile d'imaginer l'éclat et la splendeur. Ce goût du grandiose que les empereurs Ming ont manifesté, et qu'explique en partie le besoin que durent éprouver ces dirigeants d'origine obscure de s'affirmer de façon spectaculaire en face d'une tradition millénaire, se retrouve ici, comme dans l'enceinte des palais et des temples impériaux. Cependant, l'ensemble des tombeaux des Ming à Pékin, s'il est plus complet que le mausolée de Hong wu à Nankin, et à ce titre plus connu, s'inspire de ce dernier, souvent avec plus de faste, mais avec moins de grandeur et de sobriété.

Légendes

Habitations et jardins

153 Un bourg du Guangdong: maisons, comprenant chacune sa petite cour, aveugles sur la ruelle et serrées les unes contre les autres.

154 Jardin de «la politique des simples» (Zhuozheng yuan) à Suzhou (Jiangsu). Cet étroit couloir aux murs crépis de blanc qui mène au jardin semble vouloir préparer le visiteur à la découverte et au recueillement. Parvenu au seuil du jardin, il aura laissé derrière lui les contingences et les préoccupations du monde. Ici on revient à la vie rustique, à la paix, on «cultive son jardin».

155 Toits de tuiles grises et murs crépis à la chaux à Suzhou (Jiangsu).

156 Un petit canal à Suzhou (Jiangsu). La ville, qui connut un grand essor avec les Song du Sud, on y pratiquait le tissage de la soie, le commerce du bois et des fleurs, devint, sous les Ming, l'un des centres les plus importants de l'industrie de la soie et l'un des foyers artistiques les plus vivants de l'empire. La ville est sillonnée de canaux; les maisons dont l'entrée ouvre sur la rue ont souvent une poterne qui donne directement sur le canal. Poutres et fenêtres en bois sombre se détachent sur le blanc des murs. Maisons d'artisans et de commerçants sur les canaux, résidences des lettrés dans la retraite discrète des jardins illustrent les deux visages de l'ancienne Suzhou.

157 a) Toits d'un village près de Canton.
b) Porte en lune dans la cour intérieure d'une maison à Pékin.

158 Succession des cours d'une résidence dans le nord-ouest. Instrument de passage utilitaire, la porte en Chine est aussi et surtout un cadre destiné à faire valoir une découverte, à ménager une approche.

159 Cour intérieure en Chine centrale. L'habitation, fermée sur l'extérieur et ouverte sur une cour cernée de murs qui l'isolent et la protègent, apparaît comme la cellule chinoise typique.

160 Toit d'une ferme au Yunnan, véritable abri contre le soleil méridien.

161 Le Zhuozheng yuan (jardin de «la politique des simples») à Suzhou. Au début du jardin, tracé au XVIe siècle par un haut fonctionnaire qui s'y retira, sont dressées trois «pierres de bienvenue».

162 Pierres au Shizi lin (jardin du bosquet du lion) à Suzhou. A travers ces rochers troués, un peu de la nature sauvage entre dans le jardin. La lumière joue ici un rôle vital; elle joue sur les feuilles, sur les pierres, sur la blancheur du mur, secondant le cycle des métamorphoses naturelles.

163 Zhuozheng yuan, à Suzhou. Caractérisé par l'asymétrie, l'irrégularité, les formes ondulantes, le zig-zag, l'originalité, le jardin veut recréer une promenade dans un plus vaste paysage.

164 Le Wangshi yuan, jardin du maître des filets, à Suzhou. Tracé au XIIe siècle, abandonné, puis restauré en 1770 par un lettré en retraite, ce petit jardin est remarquable par l'importance des constructions distribuées autour du lac. Les rives du lac sont plantées de bambous, de bananiers, de pins aux branches tordues, de touffes de fleurs entre les rochers.

165 Zhuozheng yuan à Suzhou – l'eau occupe la majeure partie de ce jardin connu pour la fantaisie de son tracé et pour ses perspectives imprévues.

166 Un bosquet de bambous au Shizi lin à Suzhou. Le jardin fut tracé vers 1342 par le supérieur d'un monastère bouddhique, dont il faisait à l'origine partie; il semble bien que plusieurs peintres célèbres du XIVe siècle, parmi lesquels Ni Zan et Zhu Derun, collaborèrent au tracé du jardin. Là encore la lumière participe au jeu des horizontales et des verticales, au bruissement des feuilles, à l'ondulation des tuiles.

167 Au Shizi lin, portes et fenêtres ouvrant sur l'imprévu et le mystère, cadrant une peinture faite de rochers et de touffes de verdure sur la blancheur du mur.

168 Vue sur les lotus de l'étang au Zhuozheng yuan. Les balustrades ajourées constituent, avec les treillages des portes et des fenêtres, l'une des constantes de l'art décoratif chinois, du goût pour la légèreté du bois découpé et pour l'encadrement insolite d'un coin de paysage.

Plans ▶

Une maison Ming du village de Xijinan, au Huizhou (province du Anhui): plan du rez-de-chaussée et du premier étage
coupe transversale 1:250. Détail de la coupe avec le système de charpente 1:75

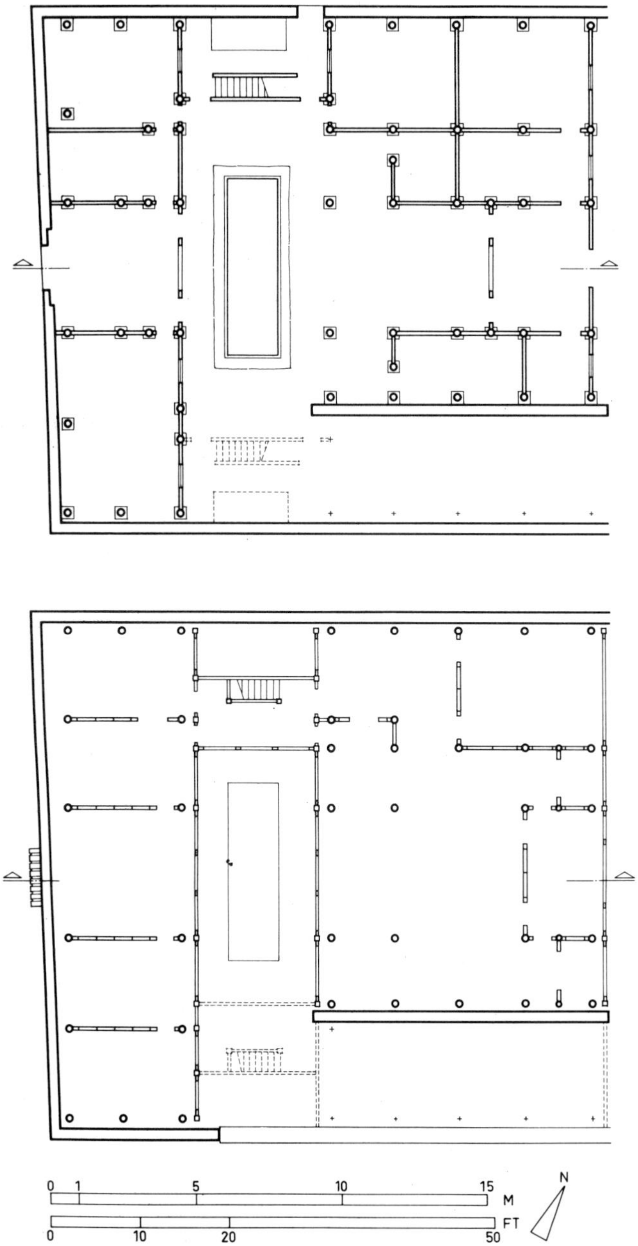

Axonométrie ouverte

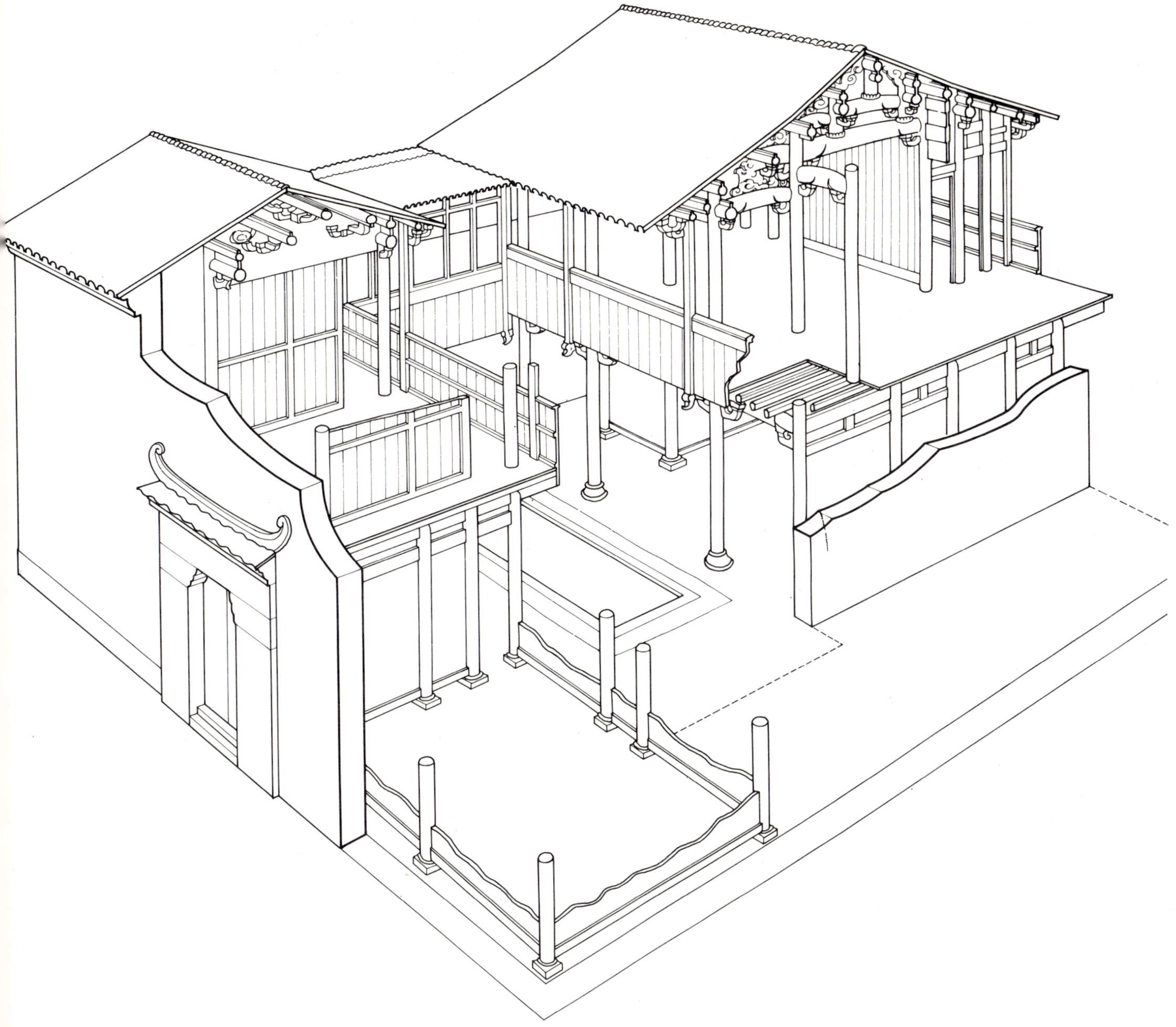

Notices

L'habitation chinoise archaïque

La culture de Yangshao

A l'époque néolithique, les cultivateurs de la période de Yangshao (env. IVe–IIIe millénaire av. notre ère) en Chine du Nord vivaient dans des villages temporaires qu'ils abandonnaient, après un certain temps d'occupation, suivant la culture sur brûlis. Ces villages étaient en général de dimensions restreintes; Banpo cun, près de Xian (Shânxi), un des villages Yangshao fouillé en partie au moins exhaustivement en 1954, s'étend sur 100 m d'est en ouest et sur 200 m du nord au sud. La répartition des villages Yangshao sur une aire très vaste, et les données stratigraphiques (Banpo cun présente trois mètres de débris montrant entre deux et quatre niveaux d'habitats successifs) confirment des occupations discontinues et répétées. Des sites du type de Banpo cun se retrouvent au Shânxi (Baoji et Huaxian), au Henan (Linshanzhai et Miaodigou). La maison de Banpo adopte des formes variées: carrée, rectangulaire ou ronde, semi-souterraine ou en surface, les murs supérieurs et le toit étant soutenus par des piliers en bois. Lors d'une occupation, une vaste maison rectangulaire (L. plus de 20 m, l. 12,50 m), divisée en compartiments par des parois, fut construite. Cette maison commune se trouvait au centre du village, entourée de maisons dont les portes étaient orientées vers le centre et de poches de stockage. La zone orientale du village était probablement le quartier de fabrication de la poterie avec six fours. Le cimetière était au nord du village, mais les enfants étaient enterrés dans des urnes déposées entre les maisons.

La culture de Longshan

A la phase de Yangshao succède celle de Longshan (IIIe–IIe millénaire av. notre ère), dont l'aire de dispersion est plus vaste encore, puisqu'elle atteint l'est et le sud-est de la Chine. A cette époque, les paysans s'installent en villages permanents protégés par des murs en terre. Si la sédentérisation n'est pas complète, les occupations de site apparaissent beaucoup plus longues que dans la phase de Yangshao et la superficie des villages augmente. Les habitations sont en général semi-souterraines, rondes ou carrées, avec près des maisons un grenier à demi-souterrain, et au centre du village, semble-t-il, une grande maison commune.

Variété et évolution de l'habitat néolithique en Chine du Nord

Les habitations néolithiques sont donc de plusieurs types:
1) une sorte de poche circulaire, plus large au fond qu'à l'ouverture. Les plus petites servaient vraisemblablement de greniers, les plus grandes (D. à la base 4 m, prof. 3 m) d'habitations. La couverture devait être en bois, en écorce, en chaume ou en terre. On trouve ces cavités dans la culture de Yangshao et dans celle de Longshan;
2) fosses ovales de 1 m à 2,50 m de profondeur, sans étranglement à la partie supérieure;
3) habitations semi-souterraines, circulaires ou rectangulaires. Au centre, un foyer ou un pilier; autour, des traces de murs; l'entrée était au sud, le sol intérieur en torchis était badigeonné de blanc;
4) habitations à charpente, construites sur le sol. A l'époque ancienne, elles sont rondes ou ovales et devaient ressembler à une hutte; plus tard, elles sont circulaires ou carrées. Dans le premier cas, elles ont environ 5 m de diamètre, avec des traces de piliers au pourtour et au centre. Dans les deux cas, l'entrée fait face au sud et l'intérieur peut être divisé en deux par un mur de séparation; on passait vraisemblablement sur les poutres formant la toiture une ou plusieurs couches de torchis.

Il semble que l'évolution de l'habitat néolithique se soit faite de la poche assez profonde à la poche peu profonde qui, nantie de murs, est devenue une habitation semi-souterraine. Dans d'autres régions de la plaine du fleuve Jaune, plus riches peut-être en forêts, on serait passé des huttes rondes à couverture assez simple à une structure en bois plus complexe et recouverte de torchis. La concomitance des fosses et des structures en surface s'explique peut-être par l'adaptation au cycle saisonnier, avec habitat souterrain ou semi-souterrain pendant l'hiver et occupation de huttes en surface durant l'été. Les fouilles récentes montrent donc dès l'époque néolithique, et à l'intérieur de la seule plaine du nord, une grande variété d'habitats. Elles confirment, de plus, la tradition chinoise qui veut que les anciens aient habité des «trous», c'est-à-dire des habitations entièrement ou à demi-souterraines.
A l'époque Shang (XVIIe–XIe s. av. J.-C.), le principe des fosses se retrouve parallèlement aux habitations en surface à Zhengzhou, puis à Anyang (Henan), où furent découvertes de nombreuses fosses d'habitation circulaires, carrées ou rectangulaires, souvent de grandes dimensions (L. plus de 20 m, l. plus de 10 m). Des marches permettaient d'accéder au fond des fosses.

© Graf zu Castell

Jardin Ou à Suzhou (Jiangsu): 1:75

Cette vaste demeure de lettré, avec ses jardins à l'est et à l'ouest, est entourée sur les côtés est, sud et nord par le cours d'une petite rivière

1 jardin
2 rocaille
3 cour
4 entrée principale
5 salle de réception
6 bibliothèque
7 grande salle de réception
8 salle où l'on range les chaises à porteurs
9 kiosque
10 pavillon ouvert sur les quatre côtés

Une résidence de fonctionnaire à Xinning xian, au Hunan: plan 1:300

1 porte d'entrée principale
2 première cour
3 deuxième cour
4 jardin de derrière
5 cour-jardin
6 chambre à coucher
7 salon
8 salle des cérémonies familiales avec l'autel des ancêtres
9 salle de réception des hôtes
10 bibliothèque
11 grenier
12 cuisines
13 lieu d'aisance
14 réserves
15 porcherie

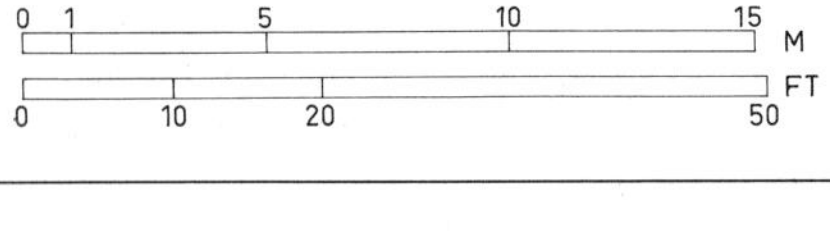

5. Habitations et Jardins

L'habitation en Chine

Au sein du monde extérieur, voici le refuge, la plus petite concentration d'espace humanisé que la Chine a ressentie comme profondément personnalisée, dans son ordre comme dans son intégration, en face d'une nature qui restait à maîtriser.

L'époque Han (IIIe siècle av. J.-C.-IIIe siècle ap. J.-C.)

Le grand développement des constructions à cette époque explique que se dessinent alors définitivement les caractéristiques de la maison chinoise traditionnelle. Il ne faut toutefois pas oublier que cette importance apparaît peut-être grossie du fait de l'abondance de la documentation fournie par le mobilier funéraire ni, d'autre part, que les Han ont tiré parti de traditions et d'innovations plus anciennes dont il ne reste aucun vestige.

Il convient de distinguer, sous les Han, les habitations de petites dimensions et les résidences importantes.

1. Habitations de petites dimensions
a) Maisons carrées ou rectangulaires, à charpente de bois dans le sud (modèles trouvés dans les tombes de Changsha au Hunan, et dans celles du Sichuan), à murs de brique dans le bassin du fleuve Jaune. Les toits sont à double pente légèrement débordante, la couverture est le plus souvent en tuiles, mais parfois aussi en torchis.
b) Habitations avec ou sans étages, en équerre autour d'une cour. La superstructure est en bois, le toit comme dans la catégorie précédente. Dans le cas des maisons à étages, l'étage supérieur sert d'habitation au propriétaire, avec un escalier extérieur y menant, le rez-de-chaussée est réservé au bétail.
c) Bâtiments autour d'une cour.
d) Bâtiments sur deux rangs parallèles séparés par une cour. Le bâtiment antérieur, le plus important, comporte deux étages, le centre de l'étage supérieur étant surélevé en tour de guet.

2. Habitations de grandes dimensions
Les pierres gravées des chambrettes funéraires, celles de la tombe de Wuliangzi au Shandong par exemple, montrent une cour entourée de bâtiments sur les quatre côtés, typique de l'habitation de la haute société. Tout ici est clos sur l'extérieur, et la vie se déroule en espace fermé. La cour intérieure s'appelle «puits du ciel» («tianjing»), et, comme

▲ Modèle funéraire en terre-cuite d'une maison des Han occidentaux, trouvé en 1956 près de Canton (Musée d'histoire de Pékin)

le fait remarquer le professeur R. Stein, «le terme est employé parce que les eaux de pluie ruisselant le long des toits qui l'entourent s'amassent en son centre, en une sorte de puisard ou de bourbier. De plus, le caractère «jing» a servi à désigner un agencement de l'espace en une sorte de carré magique comportant huit cases autour d'une neuvième au centre, figure identique au plan du «mingtang». L'atrium, centre de la maison romaine, ressemble étonnamment au centre de la maison chinoise».
Ainsi la maison distribuée autour d'une cour restera le type de base de l'architecture domestique chinoise aux époques ultérieures. Les cours peuvent être multipliées dans le cas de familles princières, mais l'entrée principale reste face au sud et le bâtiment du fond demeure la salle principale, à laquelle on accède par des marches, et qui est divisée en trois parties: au centre, la pièce de réception, flanquée à gauche et à droite de deux pièces plus petites servant d'habitation. Le chef de famille occupe l'angle sud-est; là aussi sont placées les tablettes des ancêtres; c'est le côté honorable, celui où réside la chance de la maison. La chambre du nord-ouest sert souvent de réserve pour les provisions. Derrière cette salle, les maisons riches possèdent un jardin d'agrément qui abrite des pavillons et des pièces d'eau.

Cette maison traditionnelle, avant tout familiale et cultuelle, préservée des regards curieux par des murs ou des écrans végétaux, ne communique avec l'extérieur que par une porte, souvent latérale et difficile à trouver.

Les règles présidant à la construction de la maison

La construction d'une maison fut de tout temps considérée comme un acte important, pouvant influencer grandement l'avenir de la collectivité qu'elle devait abriter. Pour qu'elle lui soit bénéfique, il était indispensable de choisir un terrain, un site, une orientation et un plan conformes aux exigences de la géomancie, de même qu'un jour faste pour commencer les travaux. Tous les sacrifices étant accomplis, la construction était entreprise. On commençait par égaliser le terrain que l'on damait à l'aide de demoiselles en bois ou d'une large pierre qui, projetée à l'aide d'une corde, permettait en même temps le damage et l'égalisation du sol. Les fondations étaient ensuite posées en pierres non travaillées ou en briques, et étaient montées à trente centi-

▼ Embout de tuile d'époque Han (Musée Guimet, Paris)

mètres du sol, sauf aux endroits où devaient reposer les piliers sur leurs bases, qui étaient laissés creux. Les piliers une fois posés, le remplissage des parois était la dernière opération avant la pose de la toiture.

Ces demeures, soumises aux règles du «fengshui», l'étaient aussi aux lois édictées par chaque dynastie et visant à conserver la hiérarchie sociale sur laquelle reposait l'édifice social chinois. Les règlements des Tang prescrivent «au-dessous des rois et des ducs, les demeures n'auront ni consoles doubles, ni décorations (sur les poutres). Jusqu'au 3e degré de fonctionnaire, la salle principale ne devra pas dépasser cinq entrecolonnements...». La hiérarchie est fixée de la sorte jusqu'en dessous du 6e et 7e degré de fonctionnaires, c'est-à-dire jusqu'aux gens ordinaires pour lesquels le bâtiment principal ne doit pas dépasser trois entrecolonnements, et la grande porte un entrecolonnement. De plus, il est spécifié que les maisons privées n'auront pas le droit de construire des étages pour regarder chez les autres. Ces mesures seront reprises par les dynasties suivantes: la grandeur des salles de réception des fonctionnaires est règlementée suivant les grades, jusqu'aux maisons du peuple qui, au début des Ming, n'ont le droit de comporter, ni consoles, ni décorations peintes. A cette hiérarchie correspond une hiérarchie de l'importance des bâtiments, calculée au nombre des entrecolonnements, allant de onze pour les édifices les plus respectables, à trois pour les annexes des grands ensembles, pour les salles de réception des petits fonctionnaires ou les maisons du peuple.

Innovations Song

Cette maison traditionnelle va se perpétuer sans grands changements des environs de notre ère jusqu'à l'époque Qing et les innovations ne concerneront que des points de détail.

Quant au plan, l'époque Song crée une solution nouvelle qui consiste à relier deux ou trois bâtiments parallèles par une galerie ou une salle sur l'axe central. D'autres variations de détail touchent les portes et les fenêtres. Celles-ci, qui, depuis l'époque des Six Dynasties, étaient à solides barreaux droits, se transforment sous les Song en des fenêtres treillissées sur la moitié de leur hauteur, avec panneau plein en bas, que l'on peut ouvrir ou fermer; de même se répandent les portes ajourées en losanges à la partie supérieure.

Types d'habitations des Ming et des Qing

Cette période étant celle que nous connaissons le mieux grâce à l'abondance des documents et aux exemples qui subsistent, nous donnerons un aperçu de la variété des habitats proprement «han» à cette époque, sans aborder ceux typiques des minorités ethniques.

1. Maisons circulaires en Mongolie intérieure et dans les régions chinoises avoisinantes. Cette forme d'habitation en torchis dérive de la tente mongole. A l'origine, un pilier central soutenait le toit, puis les murs furent construits plus épais dans ce même but. L'entrée est généralement au sud, et la maison comporte deux petites fenêtres.
2. Maisons rectangulaires dans le sens nord-sud: maisons à demi souterraines de la région occidentale de la Mongolie intérieure, avec un toit de chaume couvert de boue séchée; construites sur pilotis chez les minorités ethniques du sud-ouest de la Chine, c'est également le type de maison des petits artisans et paysans pauvres de la Chine du Nord et du Centre. L'entrée, dans ce dernier cas, ouvre sur le côté sud, les murs sont en terre ou en brique, le toit couvert de tuiles ou de chaume, à une ou deux pentes.
3. Maisons rectangulaires dans le sens est-ouest: c'est la forme la plus répandue pour les habitations de petites dimensions. Un des longs côtés fait face au sud pour profiter au maximum du soleil et parer à la rigueur des hivers. Portes et fenêtres donnent au sud. Les variations touchent les dimensions, les matériaux employés pour les murs (bois, terre, brique, pierre, bambou) et la forme des toits.

Les dimensions peuvent varier de un à sept entrecolonnements, la demeure abritant dans ce dernier cas jusqu'à trois familles. La maison à trois entrecolonnements est la plus répandue, c'est celle aussi dont la forme et les matériaux diffèrent le plus selon les régions. Dans le Hebei par exemple, la base des murs est en pierre, la partie supérieure en terre; le toit présente une double pente légèrement débordante. La pièce centrale sert de salle de séjour, flanquée de chaque côté d'une chambre plus petite occupée par le «kang», qui est placé contre la fenêtre côté sud. Ce «kang», caractéristique des maisons du nord, est un lit en terre revêtu de briques sur les côtés, et dont le dessus, en torchis, est recouvert de couvertures ouatées. Sous ce lit, des canalisations donnent une chaleur très également répartie.
4. Maisons en équerre. Elles existaient déjà à l'époque des Han orientaux; sous les Ming et les Qing, on distingue deux variantes: une forme enclose de murs, et l'autre sans

clôture, transformation de la maison à trois entrecolonnements.

5. Cour avec bâtiments sur trois côtés, de plain-pied ou à un étage, cas fréquent dans les villages et les petites villes du sud. Parfois, seule l'aile nord, la plus importante, comporte un étage.

6. Cour avec bâtiments sur les quatre côtés. Maisons des paysans riches, des marchands et de la classe dirigeante; les deux caractéristiques majeures en sont: l'aspect clos et la disposition symétrique des bâtiments.

– de plain-pied: la porte principale est, soit dans l'axe médian (provinces au sud du fleuve Huai, et zone du nord-est), soit dans l'angle sud-est, nord-est ou nord-ouest (région de Pékin et provinces du Shandong, du Shanxi, du Henan et du Shânxi).

– à plusieurs étages, en général deux, mais pouvant aller jusqu'à quatre ou cinq dans le Fujian, le Guangdong et le Guangxi.

7. Habitations conjuguant la cour à bâtiments sur trois des côtés et celle à bâtiments sur les quatre côtés. Ce type, répandu dans le sud, peut être de plain-pied ou à étages.

8. Maisons troglodytes, fréquentes dans le Henan, le Shanxi, le Shânxi et le Gansu, régions du lœss où le bois est rare et les pluies peu abondantes. Au début des Qing, les maisons troglodytes étaient limitées au Shanxi, alors qu'à la fin de la dynastie, cette forme d'habitat est devenue celle des paysans pauvres des quatre provinces du fleuve Jaune occidental. Elles peuvent être entièrement troglodytes avec une façade étroite et une aire intérieure tout en profondeur, ou à demi troglodytes comportant des murs en brique et un toit presque plat couvert de torchis, ou de tuiles sur le torchis. Ces grottes, qui ont l'avantage d'être faciles à chauffer en hiver et toujours fraîches en été, peuvent être renforcées par une voûte intérieure en pierre.

Il apparaît, en conclusion de cet aperçu, que les maisons du peuple sont en majorité, soit rectangulaires dans le sens nord-sud ou est-ouest (de un à trois entrecolonnements), soit en équerre, soit troglodytes. Les classes riches, par contre, font construire soit des maisons rectangulaires dans le sens est-ouest (avec plus de trois entrecolonnements), ou des ensembles comprenant, autour d'une cour, trois ou quatre bâtiments, dispositif qui peut être multiplié.

La plupart des demeures sont orientées au sud, mais la disposition du terrain peut entraîner des variations d'orientation. La forme du toit diffère selon les régions, à double pente dans les provinces à forte pluviométrie, à une seule pente de faible inclinaison, plat ou rond dans les régions où il ne pleut guère. Le toit plat, en terre ou en chaume, représente, par exemple, un type très courant chez les classes pauvres du nord de la Chine; sa forme légèrement arrondie évoque les bâches des charrettes. Plus économique que le toit en tuiles, il apparaît, par sa solidité, son épaisseur et le fait qu'il conserve bien la chaleur, très adapté à un climat rigoureux.

Disposition interne des grandes demeures sous les Ming et les Qing

Les familles riches habitent souvent la même demeure pendant quatre, cinq ou même six générations. Parents et grands-parents occupent l'édifice central faisant face au sud, tandis que les enfants ont leurs appartements dans les bâtiments latéraux. Les domestiques sont logés dans des annexes, en dehors de l'axe médian.

Disposition des habitations riches de la région de Pékin, avec cour fermée sur les quatre côtés

La grande porte («da men») n'est souvent pas sur l'axe médian, mais un peu décalée au sud-est. A double battant et laquée en rouge, elle est précédée à l'extérieur de pierres de seuil décorées. Dans l'axe longitudinal de la porte sont situés les dépendances et les logements du portier et des serviteurs. Derrière le portail s'élève le mur des génies («yingbi» ou «zhaobi»), sorte d'écran destiné à interdire l'accès de la maison aux mauvais esprits qui ne peuvent, dit-on, se déplacer qu'en ligne droite. Ces murs des génies, communs aux maisons, aux palais et aux temples, sont ordinairement enrichis de bas-reliefs en terre cuite, vernissés et polychromes lorsqu'il s'agit d'un édifice considérable. Le plus célèbre et le plus imposant est celui des Neuf Dragons, au Beihai, à Pékin. Revêtu de briques vertes, jaunes, bleues et aubergine, il protégeait l'accès d'un temple aujourd'hui disparu.

Passé cet écran protecteur, le visiteur pénètre par une nouvelle porte dans la première cour, agrémentée de rocailles et de vasques fleuries, sur laquelle s'ouvre la salle de réception («da ting»), avec, à droite, la bibliothèque du maître de maison et, à gauche, sa salle de repos. Ce premier ensemble constitue la partie publique de la demeure; en principe aucun homme, à l'exception des membres de la famille et de certains serviteurs, ne pénètre au-delà. La seconde cour, dans le cas d'un ensemble à trois cours, est réservée aux appartements de la famille et entourée, sur les quatre côtés, de galeries sur lesquelles ouvrent les fenêtres des appartements, et qui permettent de passer d'une salle à l'autre sans rester à découvert.

Les appartements latéraux («xiang»), à droite et à gauche, sont réservés aux concubines, aux fils mariés et aux proches parents. Au fond de la cour s'élève un bâtiment comprenant en général cinq pièces qui sont occupées par le maître de maison et sa première épouse. La pièce centrale est consacrée à l'autel des ancêtres, tandis que les petites pièces terminales sont des réserves. Derrière ce second ensemble, une cour avec un puits comprend la cuisine et les chambres des servantes. Lorsque ce plan-type est multiplié, une autre salle de réception pour les hôtes de marque est construite dans une cour spéciale.

Maisons Ming au Huizhou, dans le sud-est du Anhui

Il existe dans cette région des maisons datant de la fin du XVe au XVIIe siècle. Situées dans de petites agglomérations ou isolées dans la campagne, ces demeures appartenaient à des marchands enrichis par le monopole de la vente du sel au XVIe siècle. Le plus souvent à deux étages, les maisons s'ouvrent au sud et comportent une cour est-ouest. Les bâtiments s'inscrivent autour de cette cour qui comprend souvent un étang. Les salles de devant (annexes et réserves) et de côté sont plus basses que la salle postérieure qui constitue l'habitation principale. Celle-ci se compose de deux étages: à l'étage supérieur, la salle des ancêtres, au centre, est flanquée de chaque côté d'une chambre à coucher, disposition qui se retrouve au rez-de-chaussée autour de la salle de réception. Derrière cette salle principale, sont situées les cuisines, qui peuvent également occuper une petite construction en brique à côté de la maison. Les murs extérieurs des maisons, dont l'épaisseur varie de 28 à 34 cm, sont en brique, passés à la chaux et généralement assez élevés.

Cette demeure chinoise close entre ses murs de brique grise, avec son ensemble de bâtiments, de communs et de cours, reste le symbole de la sécurité, de l'ordre social et familial respecté. Il lui fallait l'antidote des jardins qui l'ouvrent sur l'univers naturel, sur la liberté, sur la fantaisie, et qui la raccordent admirablement au paysage.

Les jardins

Conception chinoise du jardin

Monde clos, indéfiniment malléable, le jardin donne corps au vieux rêve du microcosme. Les membres de l'intelligentsia chinoise, ne pouvant rencontrer la nature face à face comme ils l'auraient souhaité, l'ont recréée à une échelle réduite, faisant de l'art des jardins une des manifestations propres au génie architectural chinois.

Le jardin chinois, loin d'être une imitation servile de la nature, se présente comme une œuvre d'imagination qui vaut essentiellement par ce qu'elle suggère, par les conceptions qu'elle exprime et le charme qu'elle dégage. Ce charme tient moins à sa disposition et aux différents éléments qui la composent qu'à un certain rythme naturel, à des jeux d'ombre, au flux lent de l'eau, à mille pulsations qui traduisent un contact intime avec une nature non domestiquée. De plus, ces jardins anciens répondent à un ensemble de critères particuliers:

– le goût du site naturel tend à retrouver, comme dans la peinture de paysage, la motivation naturelle, et à recréer une nature plus exemplaire, plus idéale que la nature elle-même, une sorte de quintessence, de poétisation de la nature.
– les éléments constitutifs du jardin chinois, dans leur grande variété, reconstituent à l'échelle du microcosme, une promenade dans un paysage. Cette randonnée marquée par la liberté et la fantaisie, qui constitue l'un des thèmes essentiels du jardin, commande sa composition. Il ne peut en effet jamais être vu dans son ensemble à partir d'un point donné; il consiste en espaces plus ou moins isolés qui se succèdent comme les parties d'un tout homogène et qui doivent être découverts et appréciés graduellement.

Le promeneur est conduit au gré des sentiers à travers une composition qui ne se révèle jamais complètement et qui, pour cette raison, conserve le charme du mystère. La découverte rejoint ici celle, progressive, d'une peinture au fur et à mesure que se déroule un rouleau, selon une dimension temporelle qui s'adjoint toujours en Chine aux arts de l'espace.

Itinéraire spirituel, le jardin chinois est encore une retraite conçue pour le loisir, l'amitié, la méditation et ces plaisirs raffinés qu'apportent le vin, la récitation des poèmes, l'appréciation d'un objet d'art. Intimement lié à la demeure, il est le compagnon des instants de sincérité et d'abandon, le

▲ Shen Zhou (1427–1509): paysage de printemps, datant de 1491 (Freer Gallery of Art, Washington)

lieu émerveillé des jouissances esthétiques autour d'une pierre, d'un arbre ou d'une fleur.

Il existe de grandes variations dans les jardins de Chine, dues aux différences de climat, de végétation, de site; aussi un jardin de Suzhou (Jiangsu) ne peut-il ressembler à un jardin de Pékin, même si tous deux ont été dessinés suivant les mêmes principes. De plus, une autre distinction s'impose entre les jardins citadins et ceux de la campagne. Les jardins des villes ont occupé ici une superficie beaucoup plus grande et ont connu un développement beaucoup plus important qu'en Occident. Ces jardins enclos de murs, formaient une extension de la demeure; on y trouvait des pavillons, des bibliothèques, de petites salles pour la dégustation du thé, pour la musique ou pour l'étude. Comme l'écrit O. Sirén (Gardens of China, New York 1949) «Un jardin chinois est inconcevable sans bâtiments qui le divisent, l'entourent ou le complètent. C'est des pavillons, des véranda et des galeries que l'on jouit des plus belles vues. Certains pavillons étaient destinés à la contemplation des premières fleurs printanières, d'autres à celle des lotus en été, d'autres des chrysanthèmes à l'automne. A partir d'autres encore on pouvait admirer les jeux d'ombre des bambous sur un mur blanc par un soir de clair de lune.» Ces pavillons et ces véranda, tout en offrant une protection, un isolement relatif, donnaient l'impression d'être en plein air, dans un paysage de rêve.

Un certain Pan En décrit ainsi le jardin qu'il s'était construit à Changhai: «A l'ouest de ma maison, il y avait d'abord un jardin potager, des champs et des arbres. En l'année 1559, ayant terminé ma fonction au bureau des Cultes, à Pékin, et ayant devant moi une certaine période de loisir, j'ai ramassé quelques rochers et j'ai demandé à des ouvriers de les disposer à mon gré. J'ai creusé un étang, construit un pavillon et planté des bambous... pendant vingt ans j'ai continué à édifier ce jardin..., il y avait encore une porte quelque part à l'ouest où se lisait l'inscription que voici: «la beauté pénètre petit à petit».»

Une autre forme de jardin, chère aux Chinois, entoure les pavillons d'étude dans les montagnes où poètes, philosophes et artistes aimaient à se retirer au milieu de plantations d'arbres, de bambous et de fleurs. Un grand nombre de poèmes et de peintures illustrent ce type de jardin sans prétentions, royaume du silence aux confins indécis du monde intérieur et de la nature:

«Le sentier aux simples, couvert de mousse rouge,
La fenêtre en montagne, emplie d'azur léger...
Ami, je vous envie votre vin, sous les fleurs,
Et tous ces papillons qui volent dans vos rêves.»

Qian Qi (VIIIe siècle)

Là, le solitaire connaissait la double opportunité d'une communion avec la nature, et de la création d'un monde à part en miniature.

Les composantes du jardin

Les jardins, comme la peinture de paysage, peuvent être définis par l'expression «shanshui» (montagnes et eaux), à laquelle il convient d'ajouter les arbres, les fleurs et les éléments architecturaux. Montagnes, bâtiments et plantations donnent le modelé, les jeux d'ombre et de lumière, tandis que les sentiers et les rivières apportent à la composition rythme, mouvement et variété, en un jeu ondulant de lignes souples. Ces différents éléments, montagnes et rivières, grottes et lacs, pavillons et ponts, expression de l'Univers entier, font du jardin un petit monde complet d'où sont bannis tous les principes de symétrie et d'ordre, tout ce qui pourrait donner une impression de raideur.

Montagnes et eaux

L'eau est ici considérée comme la source de vie du jardin, et le choix d'un site est intimement lié à la présence de points d'eau. La beauté des jardins anciens de Suzhou (Jiangsu), celle de Yuanming yuan (Hebei), tenait à la richesse de leur approvisionnement en eau. La poétique de l'eau, miroir des étangs reflétant ombres et lumière, «petites sources étiolées entre les mousses et les joncs» dont parle Gide, ajoute au jardin sa magie propre, sa prise de possession des objets encore trop consistants qui se dissolvent dans son imperceptible frissonnement. Filtre à travers lequel viennent vibrer les images, l'eau offre encore, dans l'espace clos des jardins chinois, une ouverture sur l'infini: la sinuosité des ruisseaux et la courbe des lacs sont dessinés de telle sorte que l'on ne puisse en voir la fin.

Les «montagnes», elles, constituent l'élément le plus original et le plus spécifiquement chinois de ces jardins. Les rocailles sont ici l'expression d'une très ancienne tradition culturelle et d'un intérêt profond pour le monde minéral. Montagnes et rochers aux découpes étranges ont toujours été considérés par les Chinois comme les symboles les plus éminents de la force créatrice de la nature, dont ils avaient reçu leur forme à l'égal des créatures vivantes. Il existe tout un folklore sur les pierres hantées dans des endroits sauvages, sur des rocs associés à des dragons, des démons et des divinités. Il suffisait de transférer une pierre aux formes singulières ou une pierre associée à une légende dans un jardin citadin pour créer ce goût des rocailles.

La vision d'une montagne tout entière dans un simple rocher est une conception qui semble avoir atteint sa maturité sous les Tang. Les rocailles des jardins des Six Dynasties étaient probablement une accumulation de pierres destinées à imiter une montagne. Le connaisseur Tang remplaça cette montagne-accumulation par une seule pierre monumentale qui ne tendait plus à la représentation naturaliste d'une montagne, mais à son image idéale et symbolique. Les lettrés Song montrèrent un goût très vif pour les pierres que leur forme, leur structure ou leur couleur rendaient insolites ou rares. Ces pierres, formées par la nature avec tant d'ingéniosité étaient, pour ces amateurs, des jouets inestimables. De nombreux traités furent alors consacrés à ces pierres rares qui s'achetaient à prix d'or. Le premier de ces catalogues, le «yun lin shi pu» (catalogue de pierres de la forêt des nuages) fut écrit au début du XIIe siècle par un collectionneur, Du Wan, qui résume l'emploi des roches de la façon suivante: «Les objets qui sont la quintessence la plus pure du Ciel et de la Terre s'agrègent en roches; perçant la terre, elles revêtent des formes étranges... Les grandes sont dignes d'être alignées dans un jardin ou dans une demeure, les petites se placent sur des guéridons ou sur des tables.» Selon lui, une pierre, en tant que montagne ou microcosme, suggère à l'honnête homme la noblesse, la patience, la stabilité, la réclusion, la sage contemplation de la nature.

Certaines de ces pierres provenaient du Shanxi, d'autres du Guangdong; les plus précieuses étaient des blocs de calcaire modelés par l'eau du Grand Lac (Taihu) ou d'autres lacs de la Chine du Sud. Considérées comme des chefs-d'œuvre de la nature, les plus belles du Taihu étaient placées sur des piédestaux, reproduites sur les peintures et célébrées dans des poèmes. De plus, si l'une des conditions essentielles qui déterminent le choix d'une pierre est celle d'une production naturelle, l'intervention humaine, l'arrangement artificiel n'en est cependant pas exclu, il est même considéré, dans l'art des jardins, comme indispensable. Ainsi, un des meilleurs emplacements pour une montagne est au centre de l'étang (exemple au Shizi lin à Suzhou); un autre emplacement excellent consiste à placer la pierre devant un mur blanc. Cette clarté réservée qu'offre la blancheur joue ici le rôle d'une feuille de papier sur laquelle on peindrait avec des rochers. A côté du rocher est souvent placé un pin ou un bambou, selon un arrangement qui ne doit jamais être symétrique, mais donner l'impression du naturel. La variété et l'imagination dans ces compositions atteignent un sommet à la fin des Ming: les artistes parviennent alors à donner à leurs montagnes artificielles une impondérabilité telle que les pierres semblent émerger du vide.

Fleurs et arbres

Les fleurs ne constituent pas pour les Chinois l'élément essentiel d'un jardin. Prisées pour leurs qualités décoratives, elles le sont aussi et surtout pour les symboles qu'elles expriment. Les trois plantes les plus appréciées sont peut-être le prunier, dont les fleurs blanches annoncent le printemps, le bambou et le pin, appelés les «trois amis» de la saison froide. Le bambou, merveilleuse alliance de souplesse et de force, est au cœur des lettrés un symbole de longévité et d'amitié. Sage parmi les végétaux, il reste l'image de l'honnête homme qui plie dans la tourmente, mais se relève quand celle-ci est passée; aussi occupe-t-il une place privilégiée dans les jardins, du moins au sud du fleuve Jaune.

▼ Shen Zhou: Feuille d'album, les jardiniers (William Rockhill Nelson Gallery of Art, Kansas City)

Le pin se présente comme l'arbre de longévité par excellence, non seulement à cause de son feuillage toujours vert, mais encore pour les transformations qu'il subit au cours de sa longue existence. Ses branches tourmentées s'harmonisent avec les formations rocheuses des jardins, dont il est l'inséparable compagnon. Pins anciens et pierres vétustes, gages de longévité et de postérité, le sont aussi de silence et de solitude. Comme l'écrit Li Liweng, à la fin des Ming, «être assis dans un jardin avec des pêchers, des fleurs et des saules, sans un seul pin, c'est comme être assis au milieu d'enfants et de femmes, sans avoir un homme vénérable auprès de soi que l'on puisse regarder».

La longévité des arbres, exprimée par leurs torsions, leurs nodosités, leurs déformations, est commune aux arbres sacrés des temples, des tombeaux, figurant un site efficient, et aux arbres associés aux rochers des jardins, lieux clos où l'on se rencontre et où l'on se recueille.

Autre symbole de longue vie, le pêcher protège contre les influences mauvaises. Il faut noter qu'aucun arbre fruitier n'est planté dans le jardin chinois à des fins utilitaires. Le potager, le verger chers au jardin antique ou au jardin musulman sont ici totalement dissociés de la notion du jardin de lettré.

Parmi les autres arbres, les essences sont innombrables et varient suivant les régions, espèces proches de l'acacia, catalpa du nord de la Chine, conifères et cyprès.

Les fleurs ici s'accordent aux saisons: orchidée au charme féminin, chrysanthème automnal, pivoines opulentes de l'été. Toutes ces fleurs sont plantées par massifs. Le lotus enfin donne aux étangs de juillet un charme indicible, et l'harmonie, la plénitude de sa fleur évoquent au lettré pureté et apaisement.

Eléments architecturaux des jardins

On dit en Chine «construire» et non «planter» un jardin, c'est exprimer clairement l'union étroite du jardin avec son architecture, l'importance des murs percés de portes et de fenêtres décoratives, celle des pavillons, des ponts et des galeries. Le paysage s'ordonne à partir de ces éléments qui l'entourent et le morcèlent.

Les galeries ouvertes invitent à la promenade ou au repos. Liaisons entre les bâtiments et les différentes parties du jardin, elles soulignent les plans d'eau, les escarpements de terrain. Au long de leurs courbes, à partir des vues qu'elles offrent, la composition acquiert son unité et son caractère pittoresque, au point qu'un jardin chinois ne serait pas complet sans une galerie ouverte, aux balustrades décorées de motifs géométriques combinés à l'infini.

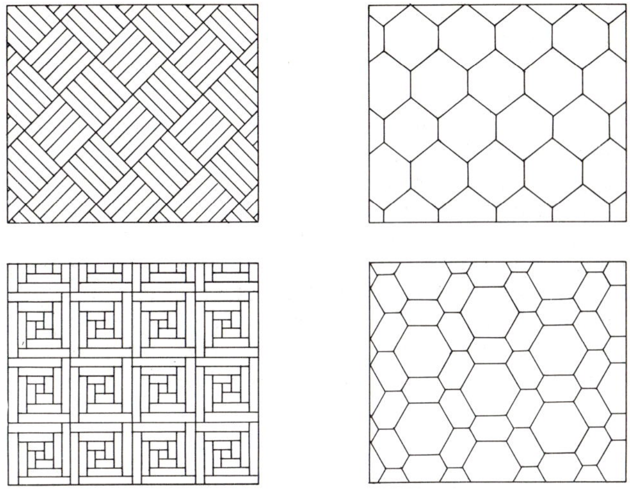

▲ Motifs de pavement pour un chemin de jardin: mosaïques de briques ou de briques et cailloutis

Le mur constitue un autre élément organique; intimement lié au paysage et à la formation du sol, il court rarement en ligne droite; bien plus souvent il s'incurve pour suivre le terrain et donne une impression d'élasticité et de modelé plus que de rigidité. Le plâtre blanc qui l'enduit forme un fond sur lequel se dessinent les silhouettes des arbres, des bambous et des pierres. Des ouvertures, sortes de fenêtres ornementales aux formes les plus fantastiques, percent sa blancheur, révélant une vue qui a toujours le charme de l'inattendu et de la surprise. L'esprit chinois fait ses délices de cette part d'imprévisible et d'accidentel, il recherche, dans les jardins comme dans la peinture de paysage, les procédés d'interruption et d'ellipse. «Quand les Anciens peignaient des pruniers ou des bambous, ils n'en faisaient voir qu'une branche dépassant de derrière un mur et, sous cet angle original, en saisissaient totalement le caractère; s'ils avaient peint l'arbre entier, avec toutes ses branches, ils seraient tombés dans la banalité insipide.» Cette phrase révélatrice de Shen Hao (début de l'époque Qing) s'applique admirablement aux effets obtenus par l'ouverture dans le mur d'une fenêtre ou d'une porte révélant la composition asymétrique et fragmentaire d'une touffe de bambous et d'un rocher troué. L'objet, ainsi coupé de son contexte, se dépouille de sa matérialité vulgaire.

Ponts en pierre ou en bois, à une arche ou plats, formant un sentier cassé, constituent le complément naturel au jeu linéaire des pavillons ouverts et des chemins en zigzag. Parfois, la recherche du rustique et du sauvage conduit à remplacer, sur un plan d'eau peu profond, le pont par un chemin fait de grandes pierres plates. Les chemins des jardins sont pavés de dalles combinées avec des cailloutis, des tuiles cassées, des fragments de briques, qui forment une mosaïque de dessins et de couleurs très variés. Les motifs généralement géométriques (polygones ou quatrefeuilles) répondent à ceux qui ornent les balustrades; les thèmes plus réalistes (hérons, daims, oiseaux, poissons), que l'on rencontre dans certains jardins du XIXe siècle, étaient considérés comme frisant la vulgarité.

Jardins et peinture

L'art des jardins suit la peinture de paysage et essaie de répondre au même idéal. On peut même dire que le jardin, lieu de contemplation et de solitude, né d'un art intime, humain et sophistiqué, forme une peinture de paysage à trois dimensions. Aussi n'est-il pas étonnant que ce soient les peintres qui aient exercé la plus grande influence sur l'art des jardins, et que le dessin d'un jardin ait été une branche de l'art pictural. De même, l'amour que vouèrent certains peintres Song, Yuan et Ming aux pierres séduisit les amateurs de jardins jusqu'au déclin du XIXe siècle.

Comme en peinture, la recherche essentielle est ici le rythme. Lieu d'impact et d'harmonie entre la vitalité de l'homme et celle de la nature, triomphe de l'effort humain pour trouver sa place au sein de l'univers, le jardin prend la nature au piège. Lorsqu'il atteint le naturel, il saisit l'insaisissable. Le rythme, dans la peinture de paysage et dans l'art des jardins, consiste en l'alternance des pleins et des vides. De cette union naît l'espace du jardin: le blanc des murs remplace ici nuages, vapeurs et brumes des peintures, îlots de surfaces blanches disposés entre les parties encrées des montagnes. Concept du vide, primordial dans ces arts, ces plages claires laissées à l'imagination permettent à l'esprit de prendre le relais de l'œil, de consommer le mariage du réel et de l'illusion, qui demeure l'idéal de la peinture comme de l'art des jardins en Chine. C'est ce que Shen Fu (né en 1763), l'auteur des «Six récits au fil inconstant des jours», appelle «ouvrir les espaces denses en irréalisant le réel». Les pages éblouissantes qu'il a consacrées à l'art des jardins demeurent plus précieuses que tout traité en ce domaine, parce qu'elles sont le fruit de l'expérience et d'une constante invention. Ainsi écrit-il: «En ce qui concerne l'art des jardins avec aménagements d'architectures, de collines, de rocailles et de fleurs, le succès ne dépend pas seulement de la complexité du dessin, ni de l'étendue du terrain ou du nombre de rochers; en fait, tout le secret tient dans ces quelques principes: créer de petits espaces clos au sein de vastes étendues; donner une illusion d'étendue quand l'espace est réduit; donner de la densité aux vides en matérialisant l'irréel; alterner le mystère et l'évidence, les approches faciles et les retraites profondes... Donner de la densité au vide en matérialisant l'irréel se fait, par exemple, en ménageant au détour d'une colline qui semblait définitivement barrer le chemin, une soudaine échappée sur un horizon vaste et dégagé, ou bien encore, dans une architecture qui forme impasse, en perçant une ouverture qui découvre une perspective inattendue sur un autre jardin.»
(Trad. P. Ryckmans, Bruxelles 1966).

L'évolution du jardin privé

Des Han aux Tang

L'idée de figurer un site naturel complet en miniature remonte à l'époque Han et apparaît liée à des conceptions religieuses, mystiques et folkloriques, appartenant plus particulièrement au milieu taoïste mais propagées dans d'autres cercles. Dès cette époque, les jardins sont organisés en parcs zoologiques, botaniques ou d'agrément.

Si l'évolution de l'art des jardins doit beaucoup aux retraites des ermites taoïstes et des poètes à la recherche d'une communion plus intime avec la nature, les établissements bouddhiques, installés en général dans des sites particulièrement beaux, contribuèrent également à une pénétration plus profonde des mystères et de la vie de l'univers; ceci apparut plus nettement encore après l'élaboration du bouddhisme Chan.

A l'époque Tang, le goût des jardins se répand et se diversifie en même temps que se développent les grands domaines désignés sous les noms différents de «villas suburbaines» ou de «campagnes» qui comportent des jardins de plaisance. Certaines de ces «villas» nous sont connues par des descriptions poétiques, ou parce qu'elles appartenaient à des personnages célèbres; ainsi la villa de Wang-chuan (située à Lantian, au Shânxi) fut commémorée par le maître du domaine lui-même, le poète et paysagiste Wang Wei (699-759), qui s'y retira à la fin de sa vie pour écrire et pour peindre.

«Assis seul à l'écart au milieu des bambous,
Je joue de la cythare et chante à pleine voix;
Dans la forêt profonde où les hommes m'oublient,
Seul un rayon de lune est venu m'éclairer.»

Une autre villa célèbre de l'époque Tang, celle de Ping-quan, près de Luoyang (Henan), appartenait au grand ministre Li Deyu (787-850), poète et collectionneur de plantes vivaces rares (de très nombreuses variétés furent obtenues à cette époque à partir de fleurs sauvages, par sélection ou par greffe). L'enclos qui entourait sa maison semble à mi-chemin entre le jardin botanique et le jardin de rocailles; grand amateur de pierres, il avait fait venir des rochers striés de cristallisations miroitantes dans cette retraite, qui comprenait encore un étang, un ruisseau et des arbres nains. Ce jardin faisait partie d'un domaine d'environ 200 hectares, au flanc d'une montagne, dans un paysage dont les lointains offraient des perspectives naturelles indéfiniment renouvelées.

Ces jardins de la classe dirigeante, ceux plus modestes des lettrés en leur ermitage, celui qu'a chanté le poète Bo Juyi (772-846), préparent la floraison de l'art des jardins sous les Song.

Les Song

Le jardin Song, né des «villas» Tang, s'oriente assez vite vers une formule où jardin et demeure sont étroitement liés. Les jardins campagnards de grande étendue subsistent, mais sont progressivement remplacés dans le goût des lettrés par ceux de petites dimensions, jardins de ville qui s'harmonisent avec une demeure. Montagnes artificielles et rocailles y tiennent une place de plus en plus importante, de même que l'adaptation au terrain, au cadre naturel et aux saisons, caractéristiques qui subsisteront dans les jardins Ming et Qing.

Les Ming et les Qing

En cette époque qui peut être considérée comme un âge d'or des jardins privés, les centres les plus créateurs sont, au nord, Pékin, au sud, Yangzhou, Nankin, Suzhou et Hangzhou.

Si les ensembles subsistant aujourd'hui ne peuvent donner qu'une idée incomplète de ce qu'était l'art des jardins dans la Chine ancienne, certains conservent toutefois quelque chose de l'atmosphère et de l'imagination créatrice qui les a vus naître. Tel est le cas de Suzhou, qui conserva son caractère de ville de lettrés et d'artistes jusqu'à la fin du XIXe siècle. Le plus grand rayonnement de Suzhou se situe à l'époque Ming, lorsque nombre de poètes et de peintres éminents y résidaient. La figure dominante fut alors le peintre Wen Zhengming (1470-1559) dont le studio, ouvert aux amis et aux disciples, était situé dans un jardin connu maintenant sous le nom de Zhuozheng yuan.

Le plus ancien des jardins maintenus ou restaurés à Suzhou est probablement le Shizi lin (bosquet du lion) composé aux environs de 1342 par un moine. Certaines des rocailles qui font la célébrité de ce jardin sont placées sur une petite colline au milieu de vieux pins noueux, d'autres sont arrangées en une composition picturale très dépouillée, d'autres encore, placées dans l'eau, sont ainsi doublées par leur propre reflet. Malheureusement, les nombreuses restaurations de ce jardin aboutissent à une certaine exagération des éléments rocheux et à des disproportions entre les pierres, les arbres et les bâtiments.

Un autre beau jardin de Suzhou, dans la tradition Ming, est le Liu yuan composé, au XVIe siècle, autour d'un lac qui en constitue le motif central et occupe plus de la moitié de sa superficie. Vendu au XIXe siècle, le jardin fut considérablement agrandi par ses nouveaux propriétaires qui essayèrent, au risque d'une certaine surcharge, d'y recréer l'esprit des différents jardins précédents. Les perspectives sont ici d'une grande variété; des sentiers zigzaguent au milieu des rocailles et des pierres dressées, des bois de bambous succèdent aux cours, les découpes des fenêtres laissent entrevoir les feuilles d'un bananier sur le fond blanc d'un mur.

Beaucoup plus petit, situé dans la partie sud de la ville, le Wangshi yuan, malgré ses dimensions modestes, donne l'impression d'être profond, mystérieux et impénétrable. Ici encore, un lac forme le motif central, entouré de grands blocs de pierre, d'arbres anciens, de ponts et de galeries. Un des charmes de ce jardin réside dans l'unité, la sobriété, la parfaite harmonie de sa composition. Ce jardin, habité jusqu'en 1949, respire encore, plus que tout autre à Suzhou, la présence d'une main et d'un amour humains.

Yangzhou, au début du XVIIIe siècle, prit la place que Suzhou avait tenue jusqu'à la chute des Ming. Le grand peintre Shi Tao s'y acquit une réputation comme architecte de jardins et y dessina les rocailles de deux ensembles, aujourd'hui détruits comme la plupart des jardins de Yangzhou.

Si les plus beaux jardins se trouvaient en Chine du Sud, Pékin ne manquait pas sous les Qing de demeures princières et de jardins, souvent inspirés d'ailleurs par ceux du sud. Une de ces demeures, avec ses jardins, est décrite dans le célèbre roman du XVIIIe siècle, le «Honglou meng» (le Rêve dans le pavillon rouge).

Les parcs impériaux

Les empereurs chinois avaient en général deux sortes de résidences, l'une officielle, gouvernementale, dans la capitale, et l'autre de plaisance, dans les montagnes boisées, au bord des lacs des environs de la capitale. Dans ces parcs d'agrément où étaient rassemblés les arbres et les fleurs les plus rares de la Chine, la fantaisie se donnait libre cours. L'histoire des Han mentionne au nord de Changan les lacs Tangzhong et Taiyi avec, au centre de ce dernier, le palais Jiantai. Dans ces parcs où l'empereur Wu cultivait des plantes récemment importées (noyer, vigne, grenadier et cannelier), la flore et la faune apportées de toutes les provinces de l'empire confirmaient et assuraient, par une imitation microcosmique, le pouvoir du Fils du Ciel sur son domaine universel.

A l'époque Tang, la limite méridionale des jardins impériaux touchait au rempart Nord de Changan. Ce parc interdit (Jinyuan) était bordé à l'est par la rivière Ba, au nord par la Wei, et englobait à l'ouest une partie de la Changan des Han. Il comprenait kiosques, tours, terrasses, pavillons, palais et étangs.

Plus près de nous, les empereurs Ming et Qing se firent construire dans Pékin et dans sa banlieue parcs et résidences d'été dont quelques vestiges subsistent.

Les parcs des lacs à l'ouest du Palais Impérial

Une longue pièce d'eau fut creusée à l'époque Jin en un lieu où l'empereur faisait construire des jardins de plaisance. Les Yuan agrandirent le lac et les terrains environnants; enfin, à partir du XVe siècle, le Nanhai fut ouvert, et les trois lacs Beihai, Zhonghai et Nanhai prirent leur configuration définitive. Mais rien ne reste des constructions mongoles ou du début des Ming dans ce parc, toutes ont disparu devant la frénésie de bâtir des empereurs mandchous. La reconstruction complète des parcs se poursuivit sous Kang xi et Qian long pour atteindre son point culminant et final sous l'impératrice douairière Ci xi (Ts'eu-hi). Les constructions Qing sont ici nombreuses et de destinations très diverses: temples, théâtres, bibliothèques, appartements, salles de réception, pavillons pour la composition poétique, tourelles, rocailles.

Les palais d'été

Les palais d'été des empereurs Ming étaient situés au sud de la capitale; les nouveaux palais construits au cours des XVIIe et XVIIIe siècles furent tous installés à une dizaine de kilomètres au nord-ouest de Pékin. Mais il reste aujourd'hui fort peu de chose de ces créations impériales.

Yuanming yuan (jardin de la clarté parfaite) formait un vaste enclos qui sans doute mesurait à l'origine plus de 200 kilomètres de tour. On y bâtit, pendant la période Quing, toute une série de palais et de pavillons entourés de jardins. La partie la plus ancienne, fondée sous Kang xi, s'appelait Changchun yuan (jardin du glorieux printemps), un autre terrain fut donné par Kang xi en 1709 à son fils, le futur Yong zheng (1723-1735). De nouveaux agrandissements furent entrepris sous le règne de Qian long qui fit construire, non seulement des pavillons chinois, mais tout un groupe de palais européens entourés d'immenses jardins et de fontaines, pour lesquels il demanda la collaboration des pères jésuites travaillant à sa Cour, du Frère Castiglione et du Père Benoist en particulier. Les édifices, dont quelques ruines subsistent perdues dans la campagne, s'inspiraient d'œuvres de Borromini, de Guardini et de Bibiena. A l'est de Yuanming yuan, Qian long fit encore édifier, en 1751, le Changchun yuan (jardin du long printemps), dont les bâtiments comprenaient les appartements privés de l'empereur et des salles d'audience. Qian long y passait la plus grande partie de l'année, ne séjournant au Palais Impérial de Pékin que quelques mois pendant l'hiver.

Il avait fait copier dans le Changchun yuan des paysages de Chine du Sud qu'il aimait, et des jardins célèbres, entre autres le Shizi lin.

Tout l'ensemble de Yuanming yuan brûla en 1860, lors du pillage des palais d'été par les troupes franco-anglaises.

Lorsqu'à la fin du XIXe siècle, la Cour chinoise voulut restaurer au moins une partie des palais détruits, l'effort fut concentré sur le Wanshou shan, emplacement de l'ancienne résidence de la mère de Qian long. Ce nouveau palais d'été, dont les constructions datent pour la plupart de 1903, prit le nom de Yihe yuan. Ce fut le séjour d'été favori de Ci xi, avant de devenir un parc public.

▼ Les jardins du Yuanming yuan (Jardin de la clarté parfaite), au nord-est du Palais d'Eté (Bibliothèque nationale, Paris)

▲ Pavillon dans un étang au Yuanming yuan (Bibliothèque nationale, Paris)

Le Yihe yuan (jardin de la paix et de l'harmonie) ne peut se comparer aux palais d'été du XVIIIe siècle; son lac, très beau, qui occupe les trois quarts de la superficie du jardin, ne parvient pas à faire oublier la raideur, le mauvais goût et la surcharge décorative des portes, des palais et des galeries, édifiés en un temps où l'art impérial était en pleine décadence.

Conclusion

Cet art des jardins, qui a donné naissance aux jardins japonais, a également influencé, bien que de façon beaucoup plus superficielle, les jardins pittoresques de l'Europe au XVIIIe siècle. Directement et consciemment inspirés de motifs chinois, les premiers jardins anglais de style nouveau, créés entre 1720 et 1730, ne retenaient cependant de leurs modèles que l'aspect le plus extérieur, sans en comprendre l'esprit. Cet esprit, il faut le dire, apparaît si intimement lié aux conceptions chinoises qu'il ne pouvait qu'échapper à une première approche. Le lettré chinois, en effet, par réaction contre la rigidité de la hiérarchie, des rites et des règles où tout est convention, imitation et tradition, aime à être déconcerté; le jardin lui offre cette échappée hors du formalisme et de la régularité. Liberté organisée par un homme pour son propre délassement, il représente, de plus, l'insertion idéale dans le microcosme urbain, un territoire personnel pour chaque cellule familiale, constitué par un morceau de nature recréée et idéalisée. Ce refuge est calme comme tous les lieux de retraite, tombe, maison, ermitage ou monastère. Il est aussi, comme toutes les manifestations architecturales chinoises, marqué du sceau de l'éphémère. Création fragile, le jardin conçu pour épouser le transitoire, est ainsi animé d'une dynamique latente qui est l'une de ses qualités essentielles. Cette dynamique se traduit, dans l'architecture en bois, par la flexibilité des structures, l'animation constante de la ligne, la prédominance de l'aigu et de l'oblique; elle se manifeste ici par la courbe, les zigzags, et les jeux de lumière, source de vie et de métamorphoses. L'architecture chinoise qui se place hors du temps à cause de sa fidélité à un programme et de la soumission de ses œuvres officielles à la commande, s'en libère plus encore, dans ses créations privées, grâce à la limitation de ses moyens. Elle s'intègre alors, par le choix même de ses matériaux, dans le cycle éternellement recommencé de la nature.

Tableau chronologique ▶

Dynastie	Principaux monuments subsistant	Date	Localisation
Liao (907–1125) et Jin (1125–1234)	Pékin: capitale méridionale des Liao	dès 936	Hebei
	Dule si (Guanyin ge et Shanmen)	984	Jixian, Hebei
	pagode Shijia du Fogong si	1056	Yingxian, Shanxi
	Shanhua si (Daxiong dian)	XIe–XIIe s.	Datong, Shanxi
	Pékin: capitale des Jin	dès 1125	Hebei
	pagode du Tianning si	début XIIe s.	Pékin, Hebei
	pagode du Baima si	1175	Luoyang, Henan
	Lugou qiao (pont dit de Marco Polo)	1189–1192	Pékin, Hebei
Song du Sud (1127–1279)	Hangzhou: capitale des Song du Sud	1127–1279	Zhejiang
	Liuhe ta	à partir de 1153	Hangzhou, Zhejiang
	Sanqing dian du Xuanmiao guan	1179	Suzhou, Jiangsu
	pagodes jumelles du Kaiyuan si	1228–1250	Quanzhou, Fujian
Yuan (1280–1367)	Pékin: capitale des Mongols	dès 1264	Hebei
	Yongle gong	1247–1358	Ruicheng, Shanxi
	Dagoba blanc du Miaoying si	1271	Pékin, Hebei
	pagode du Zushou si	Yuan et Ming	Balizhuang, Pékin, Hebei
Ming (1368–1643)	Nankin: capitale des Ming	1368–1409	Jiangsu
	tombeau de Hong wu	fin XIVe s.	Nankin, Jiangsu
	Grande Muraille (état actuel)	1368–1500	
	Pékin: capitale des Ming	1409–1643	Hebei
	tour du Tambour	début Ming	Sian, Shânxi
	Palais Impérial de Pékin (Gugong)	commencé en 1406	Pékin, Hebei
	tombeaux des Ming	XVe–XVIIe s.	près de Pékin, Hebei
	temple du Ciel	1420	Pékin, Hebei
	tour du Tambour	1420	Pékin, Hebei
	Zhihua si	1443	Pékin, Hebei
	Wuta si	1473	Pékin, Hebei
	temple de Confucius	déb. XVIe s.	Qufu, Shandong
	Dagoba du Biyun si	XVIe s.	Pékin, Hebei
	Wuliang dian du Kaiyuan si	1618	Suzhou, Jiangsu
Qing (1644–1911)	Pékin: capitale des Qing	dès 1644	Hebei
	Dagoba blanc du Beihai	1652	Pékin, Hebei
	Dazhong si	1733	Pékin, Hebei
	tour de la Cloche	1745	Pékin, Hebei
	Dagoba du Huang si	1780	Pékin, Hebei

Tableau chronologique

Dynastie	Principaux monuments subsistant	Date	Localisation
Shang (XVIIe–XIe s. av. J.-C.)	vestiges à Zhengzhou	env. XVIe–XIVe s.av.J.-C.	Henan
	vestiges à Anyang	XIVe–XIe s.av.J.-C.	Henan
Zhou et Royaumes Combattants (1028–221 av. J.-C.)	vestiges à Houma	VIe–V^e s.av.J.-C.	Shânxi
	vestiges à Linzi	VIe–V^e s.av.J.-C.	Shandong
	vestiges à Handan	début IVe s.av.J.-C.	Hebei
	vestiges à Xiadu	IVe s.av.J.-C.	Hebei
Qin et Han (221 av.–220 ap. J.-C.)	vestiges à Xianyang	221–206 av.J.-C.	Shânxi
	vestiges à Changan	206 av.J.-C.-9 ap.J.-C.	Shânxi
	vestiges à Luoyang	25–220 ap.J.-C.	Henan
	tumulus de Qin Shi huang di	210 av.J.-C.	Shânxi
	pilier (que) de Liye	28 ap.J.-C.	à Zidong, Sichuan
	pilier (que) de Huangshengqing	85 ap.J.-C.	à Pingyi, Feixian, Shandong
	pilier (que) de Gaoyi	209 ap.J.-C.	à Yaan, Sichuan
Trois Royaumes et Six Dynasties (221–589)	tombes des dynasties méridionales	V^e–VIe s.	près de Nankin, Jiangsu
	grottes de Dunhuang	à partir de 353	Gansu
	grottes de Yungang	à partir de 450	Shânxi
	grottes de Longmen	à partir de 495	Henan
	pagode du Songyue si	523	Song shan, Henan
	Simen ta du Shentong si	544	Licheng, Shandong
Sui (590–617) et Tang (618–907)	Anji qiao (pont)	606–618	Zhaoxian (Hebei)
	vestiges à Changan: Daming gong	634	Shânxi
	Dayan ta	701–704	Sian, Shânxi
	Xiaoyan ta	707	Sian, Shânxi
	salle principale du Foguang si	857	Wutai shan, Shânxi
	Jingchuang du Foguang si	877	Wutai Shânxi
Cinq Dynasties (907–959) et Song du Nord (960–1126)	tombe de Wang Jian	918	Chengdu, Sichuan
	Heli ta du Qixia si	937–975	Nankin, Jiangsu
	Kaifeng, capitale des Song du Nord	960–1126	Henan
	pagode Huqiu	961	Suzhou, Jiangsu
	Jingchuang du Lingyin si	969	Hangzhou, Zhejiang
	Longxing si	971	Zhengding, Hebei
	pagodes jumelles (Shuang ta)	984–987	Suzhou, Jiangsu
	Dacheng dian du Xianwen miao	Xe s.	Zhengding, Hebei
	pagode du Ruiguang si	X^e–XIIe s.	Suzhou, Jiangsu
	Tie ta du youguo si	1049	Kaifeng, Henan
	Luoyang qiao	1053–1059	Quanzhou, Fujian
	Xiangguo si	XIe s.	Kaifeng, Henan
	Chuzu an du Shaolin si	1125	Song shan, Henan
	pavillon Wenshu du Foguang si	1137	Wutai shan, Shanxi
	Beisi da ta	milieu XIIe s.	Suzhou, Jiangsu

Bibliographie

Balazs, E.
La Bureaucratie céleste. Paris, 1968

Bouillard, G. et Vaudescal
Les sépultures impériales des Ming (Che-san-ling). Bulletin de l'Ecole Française d'Extrême-Orient, XX, 1920, 3, Hanoi

Boyd, A.
Chinese architecture and town planning (1500 B.C.-A.D. 1911). Londres, 1962

Bulling, A.
Buddhist temples in the T'ang period. Oriental Art, 1955, I, Londres

Kwang-chih Chang
The archaeology of ancient China. Yale University Press, 1968, (édition revue et augmentée)

Chen Mingda
Zhongguo jianzhu gaishuo (exposé sommaire sur l'architecture chinoise) W.W.T.K.T.L. N° 3, 1958, Pékin

Chuta Ito
Architectural decoration in China. 5 vol., Toho Bunka Gakuin, Tokyo, 1941–1943

Demiéville, P.
Che-yin Song Li Ming-tchong Ying tsao fa che. Edition photolithographique de la méthode d'architecture de Li Mingtchong des Song. 8 fasc. 1920 (Compte-rendu dans Bulletin de l'Ecole Française d'Extrême-Orient, 1925, Hanoi)

Du Xianzhou
Yongle gong di jianzhu (L'architecture du Yongle gong). Wen Wu, 1963 N° 8, Pékin

Ecke, G. et Demiéville, P.
The twin pagodas of Zayton. Harvard yenching Institute, Vol. II, Harvard University Press, 1935, Cambridge, Mass.

Ecke, G.
Structural features of the stone-built T'ing pagoda. Monumenta Serica, 1935–1936, Pékin

Ecke, G.
The Institute for research in Chinese architecture, a short summary of the field work carried on from spring 1932 to spring 1937. Monumenta Serica, 1936–1937, Pékin

Gernet, J.
La vie quotidienne en Chine à la veille de l'invasion mongole, 1250–1276. Paris, 1959

Granet, Marcel
La civilisation chinoise. Paris, 1948

Huizhou Mingdai zhuzhai (habitations de l'époque Ming au Huizhou) Pékin, 1957

Kelling, R.
Das chinesische Wohnhaus. Tokyo, 1935

Liu Dunzhen
Zhongguo zhuzhai gaishuo (exposé sommaire sur l'habitation en Chine). Pékin, 1957

Myazaki Ichisada
Les villes en Chine à l'époque Han. T'oung Pao XLVIII N° 4–5 Leiden,

Qi Yingtao
Zhongguo gudai jianzhu niandai di jianding (Datation de l'architecture chinoise ancienne). Wen Wu, N° 4–5, 1965, Pékin

Segalen, V., de Voisins, G., Lartigue, J.
L'Art funéraire à l'époque Han – mission archéologique en Chine (1914). Paris, 1935

Sickman, L. et Soper, A.
The art and architecture of China. Londres, 1956

Sirén, O.
The walls and gates of Peking. Londres, 1924

Sirén, O.
Gardens of China. New York, 1949

Sirén, O.
Les palais impériaux de Pékin. 3 vol., Van Oest, Paris et Bruxelles, 1926

Sirén, O.
Tch'ang-ngan au temps des Souei et des T'ang. Revue des Arts Asiatiques N° 1–2. Paris, 1927

Sirén, O.
Histoire des arts anciens de la Chine. Vol. IV: architecture. Van Oest, Paris et Bruxelles, 1930

Soper, Alexander C.
The evolution of Buddhist architecture in Japan. Londres, 1942

Stein, Rolf A.
Jardins en miniature d'Extrême-Orient. Bulletin de l'Ecole Française d'Extrême-Orient, Hanoi, 1942

Stein, Rolf A.
L'habitat, le monde et le corps humain en Extrême-Orient et en Haute-Asie. Journal Asiatique, fasc. I, Paris, 1957

Stein, Rolf A.
Architecture et pensée religieuse en Extrême-Orient. Arts Asiatiques t. IV, fasc. 3, Paris, 1957

Tang Changan Daming gong
(le palais Daming de la Changan des Tang). Pékin, 1959

Tang Huancheng
Zhongguo gudai qiaoliang (ponts anciens chinois). Pékin, 1957

Willetts, W.
Chinese art. Vol. II, London, 1958

Wright, Arthur F.
Symbolism and Function, reflections on Changan and other great cities. The Journal of Asian Studies, vol. XXIV N° 4, août 1965, Ann Arbor, Mich.

Yetts, Percival W.
A chinese treatise on architecture. Bulletin of the School of Oriental Studies, vol. IV, partie III, Londres, 1927

Zhongguo yingzao xue shi hui kan. Bulletin of the Society for research in chinese architecture, vol. IV N° 3–4, June 1934, Peiping

Zhongguo jianzhu jianshi, I: Zhongguo gudai jianzhu jianshi. Histoire résumée de l'architecture chinoise, I: architecture ancienne, Pékin, 1962

Les photographies permettant la réalisation de cet ouvrage proviennent de:

Arthaud Claude, Paris: pp. 21, 68, 69, 110, 124

Burri René, Zurich (Magnum): pp. 18, 61, 66, 67, 81, 108, 109, 118, 119

Camera Press, Londres (China Photo-Service): pp. 62–63, 117, 130

Cartier-Bresson Henri, Paris (Magnum): p. 26

Graf zu Castell, Munich: pp. 19, 20, 30, 64, 78, 79, 122, 153

Charbonnier J.Ph., Paris (Réalités) pp. 36, 73, 125, 128, 129

Darbois Dominique, Paris: pp. 107, 158b

Fonds Deonna, Genève: p. 31

Etienne Gilbert, Genève: p. 84

Gampert Photo, Montréal: p. 83

Gigon Fernand, Genève: couverture et pp. 29, 65, 74, 158a

Hoppenot Hélène, Paris: pp. 76, 159, 160

Koch Paolo, Zurich: pp. 24, 25, 27, 32, 82, 113, 115, 123, 127, 155, 161, 163, 167c, in-texte: pp. 8 gauche, 172 gauche

Koch Paolo, Zurich (Len Sirman Press): pp. 22–23, 28, 35a, 35b, 70, 71, 75, 77, 80, 114a, 114b, 120, 126, 156, 157, 164, 165, 167b, 168

Mazery Photo, Paris: p. 34

Pirazzoli-t'Serstevens Michèle, Paris: pp. 116, 154, 162, 166, 167a

Riboud Marc, Paris (Magnum): pp. 72, 111, 121

Schulthess Emile, Zurich: p. 17

S.E.C.A.S. Photo, Paris: p. 33

Roger-Viollet, Paris: p. 112

Table des matières

Table des plans

Table des plans et cartes in-texte

Table des planches hors texte

Imprimé en Italie